Wandel der Werte – Werte des Wandels

D1993817

VERLAG
C. E. POESCHEL

Wandel der Werte – Werte des Wandels

Herausgegeben von
Adolf-Friedrich Jacob

mit Beiträgen von
John Erpenbeck, Shigeyoshi Kawakatsu,
Christian Seidel

C. E. Poeschel Verlag Stuttgart

Schriftenreihe der Wissenschaftlichen Hochschule
für Unternehmensführung Koblenz
Forschung/5

CIP-Titelaufnahme der Deutschen Bibliothek

Wandel der Werte –
Werte des Wandels
Adolf-Friedrich Jacob (Hrsg.)
– Stuttgart : Poeschel, 1990
(Schriftenreihe der Wissenschaftlichen Hochschule
für Unternehmensführung : Forschung ; 5
NE: Wissenschaftliche Hochschule für Unternehmensführung
<Koblenz> : Schriftenreihe der Wissenschaftlichen Hochschule
für Unternehmensführung Koblenz / Forschung

ISBN 3–7910–0576–6
Dieses Werk einschließlich aller seiner Teile ist urheberrechtlich geschützt. Jede Verwertung außerhalb der engen Grenzen des Urheberrechtsgesetzes ist ohne Zustimmung des Verlages unzulässig und strafbar. Das gilt insbesondere für Vervielfältigungen, Übersetzungen, Mikroverfilmungen und die Einspeicherung und Verarbeitung in elektronischen Systemen.

© 1990 J.B. Metzlersche Verlagsbuchhandlung
und Carl Ernst Poeschel Verlag GmbH in Stuttgart
Satz und Druck: Offsetdruckerei Kurt Urlaub, Bamberg
Printed in Germany

Vorwort

Der 2. Vallendarer Economic & Business Ethics Workshop fand als Dies Academicus am 3. Oktober 1990 statt. Am Sonntag, dem 30.9., wurde der neue, 7. Jahrgang an der WHU von den Studenten begrüßt, am Montag schloß sich die offizielle Aufnahmefeier an, Dienstag war der Tag der Verwaltung, Mittwoch – fast schon Tradition – der Ethics Workshop als Dies Academicus. Dieser Terminablauf stand demgemäß fest, ehe die Ereignisse in der DDR, insbesondere aber in Ungarn mit der Öffnung der Grenzen für DDR-Bürger ihren geschichtswürdigen Anfang nahmen. Daß der Veranstaltungsmittwoch zugleich als Tag der Deutschen Einheit gefeiert werden sollte, hat die Hochschule mit besonderer Freude und als besondere Verpflichtung verstanden. Daß die geladenen Referenten trotz des Feiertages ihre Vorträge gehalten haben – lediglich Herr Dr. Kawakatsu mußte zu wichtigen Verhandlungen nach Japan fliegen und ließ sein Manuskript durch Herrn Kohlmeyer, Panasonic Deutschland GmbH, verlesen; ihm gilt besonderer Dank –, hat die WHU als Ehre und Anerkennung empfunden.

Die Referate waren unter dem Thema „Wandel der Werte – Werte des Wandels" dem Tage in nicht vorhersehbarer Form angemessen. Das Auditorium hat sehr nachdenklich dem Vortrag John Erpenbecks zugehört, es fand den langen Atem des Gründers der Matsushita Electric Industrial Company Ltd. – der größte japanische Hersteller von technisch hochentwickelten Unterhaltungs-, Haushalts-, Industrie- und Büroelektronik-Produkten – Konosuke Matsushita, der einen 250-Jahres-Plan für die Verwirklichung seiner Mission „Meichi“ entwickelte, überhaus bemerkenswert vor dem Hintergrund unseres Wertewandel-Problems des vereinigten Deutschland. Das Auditorium war beeindruckt von dem Bekenntnis Christian Seidels zu einer persönlichen Moral des Unternehmers als Voraussetzung für das Gelingen des Einigungsprozesses. Der veranstaltende Lehrstuhl versuchte am Ende, das Thema in einen größeren geschichtlichen Zusammenhang – der Idee und des Scheiterns von Utopien – zu stellen.

Die WHU hofft, mit der Veröffentlichung der Vorträge zum 3. Oktober 1990 dieses nachdenkliche, in großen Zeiträumen denkende und persönlich-geschichtlich verankerte Stimmungsbild auf den Leser zu übertragen.

Vallendar, im Oktober 1990 *Adolf-Friedrich Jacob*

Inhalt

*John Erpenbeck**

Wertewende, Werteschock und Werte der Wende

Jahrelang hatte es so ausgesehen, als befände sich der Westen in einem zwar stetigen aber schnellen Wandel, zumindest was Wissenschaft, Technik und Produktion betraf, während sich im Osten die Strukturen der Stagnation von Jahr zu Jahr forterbten und verfestigten. Nun bewegt und verändert sich der Osten in rasantem Tempo, zuweilen wird nicht mehr von einer "Wende", sondern von "Revolution" gesprochen. Diese wird auch für den Westen, ja für Gesamteuropa tiefe, welthistorische Folgen haben. Für den Philosophen liegt angesichts des Tempos die Versuchung nahe, tagesaktuelle, und damit notwendig kurz, möglicherweise zu kurz greifende Schlüsse und Verallgemeinerungen abzuleiten. Ich will versuchen, mich dem zu entziehen und trotzdem gegenwärtig zu bleiben.

Unabhängig von allen persönlichen Gefühlen, Hoffnungen, Enttäuschungen, Freuden und Ängsten ist der gegenwärtige *Wandlungsprozeß* geradezu ein *experimentum crucis:* Die *Interdependenz von Wertewandel, Wissenschafts - und Gesellschaftsdynamik* ließ sich selten so direkt verfolgen wie in der gegenwärtigen ostdeutschen Wende - Situation.

* Prof. Dr. sc. John Erpenbeck, Humboldt-Universität Berlin.

Drehpunkt meines Analyseversuchs wird es sein, zu zeigen, daß es sich bei der gegenwärtigen Gesellschaftsdynamik in der DDR *erstens* um eine *Übergangsdynamik* von einem *quasimechanisch* gelenkten, außendeterminierten zu einem *selbstorganisierenden,* innendeterminierten System handelt. Zugleich handelt es sich, *zweitens,* um den Übergang von einer *fundamentalen Kulturstufe* zu einer anderen, nämlich von der Kulturstufe dominierend *persönlicher* zur Kulturstufe dominierend *sachlicher* Subjektabhängigkeit. Nationale und zivilisatorische deutsche Gemeinsamkeiten verschleiern diesen Sachverhalt eher, als daß sie ihn klar erkennen ließen. - Beim Übergang kommt es zu einer *Wertewende,* die werttheoretisch zu erfassen ist. Insbesondere spielt die *Inkommensurabilität* alter und neuer Wertungen eine entscheidende Rolle bei der Dynamisierung, aber auch bei der Labilisierung des Gesellschaftssystems.

In einem *ersten Schritt* möchte ich zeigen, daß der langwierigste und problematischste Prozeß der Wende nicht in der politischen, ökonomischen, oder juristischen Umwandlung liegt - so schwierig sich diese im einzelnen gestaltet - sondern eben im *Wertewandel.* In einem *zweiten Schritt* ist zu überlegen, welches die *Werte* sein könnten, die als *DDR - spezifisch* empfunden wurden und werden und welche Wertungen aus Erlebnissen *der Wende* selbst resultieren. Die Konfrontation tief innerlich angeeigneter - interiorisierter - DDR-spezifischer Wertungen und Wertungen der Wende mit jenen Wertgefügen, auf die sie im Lauf der deutschen Vereinigung, im Übergang vom administrativen Kommandosystem zum selbstorganisierend - demokratischen System treffen werden, erzeugt einen erheblichen *Werteschock.* Dieser hat enorme politische, moralische, psychische Folgen. Dabei geht es mir - dies schon hier und vorweg - nicht um eine Wertung der Wertgefüge selbst, schon gar *nicht um die Überlegenheit* des einen oder anderen. Für die philosophisch - praktische Kernfrage halte ich vielmehr die Bewältigung des Werteschocks unter der Bedingung einer prinzipiellen *Inkommensurabilität unterschiedlicher Wertgefüge*. Dafür sind, in einem *dritten Schritt, philosophische Ansätze* zu reflektieren, die einen Zugang zum Problem bahnen. Dazu rechne ich Eduard Sprangers Theorie der Lebensformen; dazu will ich auf Gedanken Oswald Schwemmers zurückgreifen; dazu will ich auf Forschungen zum Kulturvergleich hinweisen. Eine Synthese wird sich auf meine eigenen Überlegungen zur *Interiorisation* von gesellschaftlichen *Wertungen* zu individuellen Motiven und zur Bewältigung von Wertkonflikten in Form von Motivkonflikten stützen. In einem *vierten und letzten Schritt* sind einige *Schlußfolgerungen* in Bezug auf die Dynamik der kommenden Umgestaltungsprozesse in der ehemaligen DDR zu ziehen.

1. Hauptproblem Wertewende

Kurt Biedenkopf, einer der sensibelsten Beobachter des deutschen Ost - Westverhältnisses konstatierte Mitte 1990 mit Blick auf die galoppierende Vereinigung: "Es gibt für die DDR nicht nur eine ökonomische Belastbarkeit, es gibt auch eine Belastbarkeit der Umstellungsmöglichkeiten, die eine enorme Kraft erfordern wird, gerade von der politischen Führung. Und das ist zugleich die große Unbekannte in allen Rechnungen. Niemand weiß, wie sich die Bevölkerung praktisch darauf einstellen wird. Ob sie diese Umstellung als eine große Herausforderung, als eine Entfaltungschance und als die endlich dargebotene Möglichkeit zur Selbständigkeit und zur Übernahme von Risiken realisiert, oder ob diese Umstellung sie lähmt ... Das Zusammenwachsen der Wirtschaftsordnungen und die Entwicklung der DDR zu einer Volkswirtschaft, die in der EG - Arbeitsteilung mitmachen kann - und das ist das eigentliche Ziel -, bedeuten eine gigantische Umstellung für die Bevölkerung in der DDR. Man kann mit Fug und Recht von einem Kulturschock sprechen."[1)]

Von dieser "großen Unbekannten", von diesem "*Kulturschock*", der sich primär als *Wertungsschock* manifestiert, soll im Folgenden die Rede sein. Es geht dabei um die *subjektive* Seite eines *objektiv* notwendigen Umstellungsprozesses, unabhängig davon, ob man einzelne seiner Modalitäten akzeptiert oder nicht. Es geht um eine *Umwertung aller Werte,* heraufbeschworen durch die direkte, von keinen Mauern oder nationalen Unterschieden behinderte Konfrontation zweier Wirtschaftsordnungen, von denen die eine längst zu einem Hemmnis der Entwicklung von Wissenschaft, Technik und Produktion - der Produktivkräfte - geworden war. Das haben spätestens 1968 die Ökonomen, Politiker und Philosophen des "Prager Frühling" in aller Deutlichkeit vorausgesagt. Aber die Umwälzung der Gesamtheit aller ökonomischen, ethischen, politischen, ästhetischen, (quasi)religiösen und anderen Wertungen ist - und bleibt - ein langsamer, zähflüssiger Vorgang, der erst dann Bewegung gewinnt, wenn politisch - ökonomische worst - case - Szenarien traurige Realität geworden sind.

Anstatt langer Analysen sollen zwei eher *bildhafte Vergleiche* die objektive und die subjektive Seite des Umstellungsprozesses veranschaulichen. Zunächst zur *objektiven Seite*. Beobachten wir Rauch, der aus einem Industrieschornstein aufsteigt, sind wir Zeugen eines denkwürdigen Vorgangs: Im Schornstein wird das Rauchgas mechanisch, genauer: hydromechanisch einem vorgegebenen Ziel entgegengeführt. Von Reibungsverlusten und gelegentlichen Turbulenzen abgesehen, strömt es, durch die *äußere* Grenze Schornsteinwand *determiniert*, laminar, gleichförmig zum Lichte empor. Nach Austritt ins Freie bildet sich ein dynamisches Chaos aus, darin finden, durch *innere* Bedingungen *determiniert*, dissipative Strukturbildungen und Prozesse der Selbstorganisation statt. Theoretisch schwer zu beschreiben und praktisch unmöglich vorherzusagen ist, wie sich im konkreten Fall der *Übergang* von der äußeren zur inneren Determination, von der *Fremd- zur Selbstorganisation* vollziehen wird. Wenn das schon in einem so simplen Fall so schwierig ist - um wieviel schwieriger wird dann der Übergang von *quasimechanischer Zentralplan - Organisation zu marktwirtschaftlicher Selbstorganisation* gedanklich zu erfassen und praktisch zu gestalten sein! Das (und nicht die Entscheidung Sozialismus - Kapitalismus) ist das Problem, welches vor den osteuropäischen Ländern, China, Vietnam, Kuba und einigen Entwicklungsländern, kurz, vor mehr als der Hälfte der Weltbevölkerung praktisch - und vor der Wissenschaft „Ökonomie" theoretisch - steht. Es steht in besonderem Maße vor der Ex-DDR. Die Welt schaut auf den deutschen Vereinigungsprozeß - nicht weil an deutschem Wesen wieder einmal die Welt genesen soll, sondern weil dabei jenes weltbewegende Problem unter besonders günstigen Voraussetzungen angegangen wird. -

Die *subjektive* Seite der Wende will ich mit einem anderen Beispiel fassen. Wohl jeder, der Kurosawas Film "Dersu Usala" nach dem berühmten Buch Arsenjews "Dersu Usala der Taigajäger" gesehen hat, wird sich dieser Szene erinnern:Der alte, zur Jagd untaugliche Mann sitzt auf Holzscheiten vor dem Ofen und starrt gedankenverloren in die Flammen. Alles im Zimmer ist ihm fremd, nur das brennende Holz erinnert ihn an frühere Zeiten. Eine feindliche Welt umgibt ihn, er trägt in sich eine andere, auch wenn er sich den neuen Verhältnissen scheinbar widerstandslos angepaßt hat. Er ist ein eingeborener Taigabewohner vom Stamme der Golden. Auf der Stufe der Urjäger stehend, einst als Fährtensucher und Naturheilkundiger gesucht und umworben, glaubt er an die Beseeltheit der Dinge, fürchtet den Teufel und verehrt den Tiger als göttliches Wesen. Die Zivilisation mit ihren Bequemlichkeiten entwertet seine Kenntnisse und Fähigkeiten, macht ihn zum Almosenempfänger. Ein Kulturschock, der ihn schließlich tötet. Ich habe seit der Wende oft an diesen Menschen einer untergehenden Kultur gedacht: Wenn ich von Betriebsleitern las, die sich mit völlig neuen Marketing- und Managementmethoden vertraut machen müssen, von Arbeitern, deren jahrzehntelange Erfahrungen plötzlich nichts mehr gelten, von Menschen, deren teilweise aufopferungsvolles gesellschaftliches Engagement in Parteien, Organisationen, Wohngebieten oder im sozialen Bereich mit einemmal in den Ruch des Opportunismus gerät. Arbeitnehmer und Wirtschaftsleiter erleben eine

Entwicklung, die den Großteil ihres bisherigen Könnens, ihrer Fähigkeiten entwertet. Die Wende schließt *Kulturwende* und *Kulturschock* zumindest für den schwächeren Anschlußpartner ein. Sie ist auch und vor allem eine *Wertewende* und erstreckt sich von den Grundwerten bis zu zahlreichen Alltagswerten. Viele, die den "realen Sozialismus" in seinen konkreten Erscheinungsformen vehement ablehnten, haben doch manche seiner Grundwerte - bewußt oder sogar unbewußt - tief verinnerlicht. Viele, die von den "Werten des Sozialismus" sprachen, haben sich gänzlich andere und doch systemspezifische zu eigen gemacht. Deshalb sollen Wertewandel und Wertinteriorisation im Mittelpunkt meiner weiteren Überlegungen stehen.

2. *Wertspezifika und Wertewandel*

Wertewandel ist eine alltägliche Erscheinung, er findet im Leben jedes Menschen und in jeder Gesellschaft statt. *Determinanten des Wertewandels* sind Veränderungen natürlicher Lebensbedingungen, wissenschaftlicher, technischer und ökonomischer Fortschritt, gesellschaftliche Differenzierungs- und Strukturierungsprozesse, vor allem aber *Wandlungen der Herrschaftsverhältnisse.*[2)] Zweifellos ist mit dem bisherigen ostdeutschen Herrschaftssystem auch das dominierende *Wertsystem* zusammengebrochen. Die *Suche nach einem neuen* hat begonnen. Es wird keinesfalls eine bloße Übernahme des in der Bundesrepublik dominierenden sein, obwohl sicher manches von dorther kommen wird. Es wird sich, glaube ich, vielmehr aus drei *in sich widersprüchlichen Momenten* zusammensetzen: Aus idealisierten (!) Wertvorstellungen von Ländern mit freiheitlich - demokratischen Rechtsordnungen, aus bisher positiv erlebten und interiorisierten Werthaltungen im eigenen Land und Leben und aus Werterfahrungen der Wende selbst. Zum ersten ist hier nichts auszuführen. Es gibt dazu fundierte Untersuchungen.[3] Illusionen, die gegenwärtig in der Ex-DDR ohne Zweifel Konjunktur haben, werden sich im Prozeß der Vereinigung schnell reduzieren. Zum zweiten, insbesondere bezogen auf vergleichbare Werthaltungen in der Bundesrepublik gibt es aus naheliegenden Gründen in der ehemaligen DDR kaum zutreffende Analysen. Zum dritten kann man nur einige Vermutungen formulieren.

Mir scheint, daß die verläßlichsten Aussagen zu *positiv erlebten DDR-spezifischen Wertungen* in den Lebensgeschichten von sogenannten Republikflüchtigen zu finden sind. Sie haben die negativen Aspekte des "realen Sozialismus" besonders intensiv erfahren - spätestens nach Beantragung der Ausreise. Dadurch sind sie gegen jede Schönfärberei gefeit. Andererseits kennen sie das Leben in der Bundesrepublik und in der DDR, können also wirklich vergleichen. - Positiv bewertet werden zum Beispiel: (i) Aspekte sozialer Sicherheit, (ii) relativ geringe soziale Rangunterschiede im Verhältnis zu den in der Bundesrepublik erlebten, (iii) dauerhaftere und ernsthaftere zwischenmenschliche Beziehungen und Gespräche, (iv) dies auch in den Beziehungen zwischen den Geschlechtern, (v) die "Wärme" in der Gesellschaft im Verhältnis zur "Kälte" in der Bundesrepublik, welche von Konsumwerten und dem ständigen Denken ans Geld anstatt von zwischenmenschlichen Werten dominiert erlebt wird, (vi) schließlich die Prägung durch positive Jugenderlebnisse, durch "Kindheitsmuster".[4] Die Ambivalenz solcher Wertungen (soziale Sicherheit einerseits - Ausschluß von Risiken und Risikofreudigkeit andererseits; soziale Gleichheit einerseits - Einschränkung jedes Leistungsprinzips andererseits; menschliche Nähe einerseits - Mangelsituationen als Solidaritätsanlässe andererseits) ist offensichtlich.

Besonders tief wurden in den Monaten der Wende *zwei spezifische Wertungstypen* interiorisiert. Zum einen solche *individueller und kollektiver Schuld;* diese als Wertung eigenen und gesellschaftlichen Beteiligtseins an den Fehlern und Desastern der Vergangenheit verstanden. Es handelt sich, nach Jaspers, dabei vor allem um *moralische Schuld*[5]. Der zweite Wertungstyp resultiert aus dem Erlebnis *basisdemokratischer Kämpfe* und den *Erfolgen einer friedlichen Systemablösung.* Ich vermute, daß sich, ähnlich wie in der Bundesrepublik die *Achtundsechziger,* eine Gruppe von *Neunundachtzigern* herausbilden wird, die auf dem langen Marsch durch die Institutionen Teile davon in die Politik einbringt.

Vorerst aber wird *Frustration* vorherrschen: Die in langen Jahren der individuellen Entwicklung interiorisierten Positivwertungen von DDR - Bürgern werden - gleichgültig ob berechtigt oder nicht - en bloc in Frage gestellt und mit neuen, ungewohnten, zwar *bekannten* aber *nicht interiorisierten Wertvorstellungen konfrontiert,* welche auf andere, keineswegs problemfreie Lebensverhältnisse in der Bundesrepublik bezogen sind. Der auf gelungene *Schuldverarbeitung* gegründete Umgestaltungswille wird nicht *unbedingt honoriert,* der Anschluß gehorcht anderen Gesetzen als einer von innen gewollten und gestalteten Veränderung. - Die *basisdemokrati-*

schen Ideale sind nicht nur außerhalb des Landes, sondern auch innerhalb *wenig populär*, wie die ersten freien Wahlen eindeutig zeigten, sie haben auf direktem Weg kaum Chancen, durchgesetzt zu werden.

Die Frustration rührt dabei von einem Sachverhalt her, wie er nur Wertungen und wertungsanalogen geistigen Resultaten eigentümlich ist. Erkenntnisse im engeren Sinne können - wenigstens im Prinzip - diskursiv verglichen und ihrem Wahrheitsgehalt oder zumindest ihrer Wahrheitsähnlichkeit nach gegeneinander abgewogen werden. Das ist bei Wertungen aus ganz prinzipiellen Gründen nicht möglich. Viele Autoren weigern sich, überhaupt so etwas wie einen "Wahrheitsgehalt von Wertungen" zu akzeptieren. Ist man bereit, einen Wahrheitsbegriff für andere Resultatformen als für Aussagen einzuführen, so muß man strikt zwischen unterschiedlichen Wahrheitsbegriffen, besser: Adäquatheitsbegriffen, unterscheiden.[6)] Die *Adäquatheit* von Wertungen ist nur über die später zu besprechende Interiorisationskette festzustellen; letztlich geht es um ein *wertungsinduziertes Handlungsoptimum*, das historisch immer erst post festum, meist in beträchtlichem historischen Nachtrab und nur in Bezug auf andere Wertungen, auf das gesamte Wertgefüge objektiv zu beurteilen ist. Zudem hat jedes Wertgefüge *Letztwerte*, die gesetzt werden, sich aber einer objektivierenden Einschätzung prinzipiell entziehen[7)].

So prallen *Grundwertungen* aufeinander, die im innersten *inkommensurabel* sind. Welches ist die "höhere" Wertung: Soziale Sicherheit oder individuelle Freiheit? Zwischenmenschliche Nähe (inclusive Konsumdefizite) oder Konsumüberfluß (inclusive Kontaktreduktion)? Individuelle Ruhe bei relativer sozialer Gleichheit und (quasi)religiöser Geborgenheit oder persönliches, oft angstbesetztes Risiko bei beträchtlichen ökonomischen Gewinn- und Aufstiegschancen? Solidarität oder Macht? Klar ist, daß der Übergang vom System der völlig überholten Zentralplanwirtschaft zur Marktwirtschaft, wie wir sie heute in zwei dutzend akzeptablen und mehr als fünfmal soviel inakzeptablen Modifikationen kennen, die je letztgenannten Grundwertungen favorisiert. Doch die Vermutung, die uns bekannten marktwirtschaftlichen Systeme seien das höchste und letzte Stadium geschichtlicher Entwicklung und damit ihre Wertungen notwendigerweise die überlegenen, greift sicher zu kurz[8)]. Auch wenn der Übergang vom mechanisch organisierten zum selbstorganisierenden Gesellschaftssystem aus - wie mir scheint, beweisbaren - Gründen unumgänglich ist, bedeutet dies keineswegs einen automatischen Übergang zu jenen Grundwertungen. Im Gegenteil: Ihre Inkommensurabilität mit bisherigen Wertungen ist das vielleicht bedeutendste Hindernis, die Systemumwandlung rationell und unter geringstmöglichen materiellen und ideellen Verlusten zu gestalten.

3. Philosophische Ansätze zur Inkommensurabilität von Wertungen

Die Inkommensurabilität von Grundwertungen ist von Philosophen oft, besonders häufig in historischen Übergangsperioden reflektiert worden. Schellings Philosophie des Mythos, Hegels Rechtsphilosophie, Marx' Analyse des Verhältnisses von Basis und Überbau,

Nietzsches Nihilismus - Überlegungen, Wittgensteins Idee der "Sprachspiele" oder die leider ziemlich vergessenen "Denkformen" Liesegangs sind dafür nur einige Beispiele.

Was soll Inkommensurabilität von Wertungen heißen? Ich verstehe darunter die *Unmöglichkeit*, mit Hilfe metrischer Argumente einen Wertvergleich durchführen, eine *Rangordnung* von Wertungen festlegen zu können (Inkommensurabel = nicht mit demselben Maß meßbar, vergleichbar; vom lat. metiri: messen). Sie führt zwangsläufig zur Konfrontation von Wertungen, wenn nicht durch gegenseitige Anerkennung unterschiedlicher Wertgefüge und Einschmelzung alter Wertungen in neue Handlungsbezüge Wege der Verständigung gesucht werden. *Inkommensurabilität* von Wertungen kann *bei allen wertenden Subjekten* auftreten: beispielsweise bei *Individuen*; bei *Gruppen*, die sich durch gemeinsame Normen und Werte verbunden fühlen; bei unterschiedlichen *Territorial- oder Nationalkulturen*. - Hier haben die Geistes- und Sozialwissenschaften, allen voran die praktische Philosophie, ein wichtiges Aufgabenfeld.

Eduard Spranger behandelt in seinen berühmten "*Lebensformen*" unterschiedliche "ideale Grundtypen der *Individualität*", deren Wertgefüge von jeweils einer Grundwertung dominiert wird und formuliert deutlich, daß "die verschiedenen Wertqualitäten nicht durcheinander in quantitativen Einheiten ausgedrückt werden können..."[9]. *Jeder der Lebensformen* gesteht er seine eigene, *unersetzbare Daseinsberechtigung* zu.

Ausgehend von einem Vergleich von Pflichtethiken und Folgenethiken kommt *Oswald Schwemmer* zu einem interessanten, die Inkommensurabilitäts - Problematik berührenden Vorschlag. Er betrachtet als die adäquate "Rationalisierung" des Handelns die Ausbildung einer *persönlichen Identität* im Handeln, die Individuation; durch sie tritt unser Handeln in die Sphäre des Moralischen ein. Ethisches Ziel kann folglich keine "Super - Moral" sondern nur eine "Inter - Moral" sein, welche den *Austausch und Ausgleich zwischen Lebensformen und Identitäten* schützt und es ermöglicht, sich kooperierend auf andere Orientierungen einzulassen. Wo ein wissenschaftliches *Erklären* oder sinnhaftes *Verstehen* fremder Werthaltungen nicht möglich ist, soll ein *Anerkennen* im miteinander Handeln und Leben an dessen Stelle treten.[10)]

Erklären, Verstehen, Anerkennen spielen auch in der noch jungen *Vergleichenden Kulturforschung* eine wichtige Rolle. Besonders betont wurde von ihr das Thema des Zusammenhangs von *Integration und Kultur.*[11)] Hier wird praktisch - empirisch untersucht, wie soziokulturell unterschiedlich geprägte Lebensformen gesellschaftlich zusammenwirken. Wichtigste *Voraussetzung des Vergleichs* ist dabei, daß nicht soziokulturelle Wertungen direkt miteinander verglichen werden, sondern den Hintergrund von tatsächlich Vergleichbarem - einem naturwissenschaftlichen oder sozialwissenschaftlichen, empirisch prüfbaren Resultat, einer technischen oder organisatorischen Errungenschaft - abgeben.

Von den drei Austauschformen zur *Beseitigung von Wertkonflikten* ist das *Verstehen die wichtigste.* Dabei gilt es, aufzuklären, wie bisherige, zu Motivationen interiorisierte Wertungen in Frage gestellt und durch Demotivation neutralisiert, wie neue Wertungen in Konfliktfeldern handelnd zu neuen Motivationen interiorisiert werden können - also den wirklichen, komplizierten *Prozeß des Verstehens und Aneignens von Wertungen* unter Berücksichtigung *kognitions- und motivationspsychologische Einsichten* zu erfassen.

Wertungen werden nur dann gesellschaftlich wirksam, wenn sie zu Emotionen und Motivationen interiorisiert und dann im praktischen und kommunikativen Handeln der Individuen angewandt werden. Ich habe vor einigen Jahren eine vergleichende Analyse verschiedenster motivationspsychologischer Ansätze durchgeführt, die den *Interiorisationsvorgang* zu erfassen suchen. Danach ergibt sich folgendes - schematisierte - Bild:

(1) Vorhandene gesellschaftliche und gruppenmäßige *Wertungen* werden von den Individuen aufgenommen, *"bloß gelernt"*, aber zunächst nicht interiorisiert.

(2) Aus äußeren Anforderungssituationen abgeleitete individuelle *Entscheidungssituationen*, die nicht durch alleinige Aktivierung von Wissen, von vorgestanzten Verfahren gelöst werden können, verlangen die *Auswahl* einer der "bloß gelernten", oder aber die Produktion von neu antizipierten Wertungen, denen gemäß gehandelt werden kann und soll.

(3) Unter den zentralen Vorbedingungen von *Entscheidungsfreiheit* und *Selbstverantwortung* kommt es in diesem Auswahlprozeß zu erheblichen kognitiven Dissonanzen und emotionaler *Labilisierung*.

(4) Diese sorgt dafür, daß die schließlich ausgewählte *Wertung* im Gedächtnis gleichsam mit *positivem emotionalen Gewicht abgespeichert* wird - wenn das Individuum und seine soziale Umgebung das Resultat der dieser Wertung entsprechenden praktischen oder geistige Handlung positiv beurteilt. Grob verallgemeinert: Je

stärker die Labilisierung, desto schwerer das emotionale Gewicht (das gilt entsprechend auch im Negativen).

(5) Diese individuelle gedächtnismäßige *Abspeicherung* der Wertung (einschließlich ihrer erkenntnismäßigen Wertungsvoraussetzungen), en bloc mit diesem emotionalen "Gewicht" läßt sich *als Interiorisation* begreifen und beschreiben.

(6) Die so interiorisierten Wertungen werden in gesellschaftlichen *Kommunikationsprozessen* thematisiert und im gesellschaftlich "gemittelten" Bewährungsfall akzeptiert. In diesem Zyklus werden bereits vorhandene Wertungen in jeder Generation neu *reproduziert* und neue Wertungen *produziert*.[12)]

Was läßt sich aus diesem Bild für das Verständnis von Wertkonflikten und die Inkommensurabilität von Wertungen gewinnen?

Zunächst wird deutlich, daß sich im *Konfliktfall* nicht die adäquatere - das heißt zu situationsgerechterem Handeln führende - sondern die *tiefer interiorisierte Wertung* durchsetzen wird. Mag sie auch absolut irrational sein und der aktuellen oder historischen Situation, in der das Individuum handelt, völlig unangemessen. Damit ist zugleich offensichtlich, daß Wertkonflikte kaum durch Versuche von Belehrung und Überzeugung, wie eindringlich sie auch immer sein mögen, aufzulösen sind. Nicht nur die Interiorisation neuer, auch die "Löschung" bereits interiorisierter Wertungen erfordert den Durchlauf des angedeuteten Zyklus - erfordern also die Bewährung der zu Motivationen interiorisierten Wertungen im Handeln. Zudem: Koppeln sich adäquate Wertungen mit negativ erlebten Entscheidungs- und Handlungsfolgen, werden sie sozusagen negativ interiorisiert.

Erschwerend kommt jedoch hinzu, daß *ethische oder politische Grundwertungen* im allgemeinen nicht an Einzelsituationen festgemacht werden können, sondern als *Weltbilder* ganze *Gefüge* von speziellen Wertungs- und Handlungszusammenhängen umgreifen. Freiheit, soziale Sicherheit - das sind beispielsweise Wertungen, die mit hunderten von Alltagssituationen und - entscheidungen und ihnen entsprechenden interiorisierten Einzelwertungen verwoben sind. Diese sind aber überhaupt *nicht mehr miteinander vergleichbar*, sind absolut inkommensurabel.

Das einzige was möglich ist, um solche - Weltbilder konstituierenden - Wertungen *allmählich zu wandeln*, ist folglich: das Gefüge neuer Lebens- und Entscheidungssituationen so zu gestalten, daß ein Maximum an neuen Einzelwertungen positiv interiorisiert wird. Sie fügen sich schließlich zu neuen Grundwertungen und Weltbildern zusammen. Diese können alte Weltbilder und Wertungen verdrängen, nie: widerlegen. Selbst wenn alte Weltbilder plötzlich, wie beispielsweise während der Umwälzung in der DDR, zusammenbrechen, bedeutet das nicht den Zusammenbruch aller sie konstituierenden Grundwertungen. Wer darauf hofft, erschwert nur die wirklichen und wirklich nötigen Wandlungsprozesse.

Die *werttheoretische Schlußfolgerung* kann also nur lauten: Möglichst schnell möglichst viele möglichst eindeutige und individuell erlebbare Entscheidungssituationen schaffen, die zur positiven Interiorisation neuer, zukunftsadäquater Wertungen führen. Je stärker sich die Umwälzung individuell mit negativen Wertungen, mit Frustrationen und Selbstwertverlusten verbindet, desto schwerer wird es sein, sie "als eine große Herausforderung, als eine Entfaltungschance und als die endlich dargebotene Möglichkeit zur Selbständigkeit und zur Übernahme von Risiken" zu begreifen; desto mehr wird sie lähmen, anstatt zu aktivieren. Sicher werden sich manche der Frustrationen und Verluste objektiv nicht vermeiden lassen. Andere können und müssen, im Interesse der Zukunft vermieden werden. Sie herauszufinden, stellt meines Erachtens eine der wichtigsten *Aufgaben der Geistes- und Sozialwissenschaften* dar, soll ihre Wissenschaftsdynamik der gegenwärtigen Gesellschaftsdynamik einigermaßen gerecht werden.

4. *Wertewende ohne Werteschock als Unternehmensvoraussetzung und Unternehmeraufgabe*

Natürlich können Unternehmer, die sich dankenswerter Weise schon heute, bei allen Unsicherheiten, entschlossen haben, im östlichen Teil Deutschlands zu investieren und zu arbeiten, nicht auf ausgewogene Ergebnisse der Sozialwissenschaften warten. Andererseits begeben sie sich mit diesem Entschluß in einen Landstrich, dessen Einwohner - selbst die wohlwollendsten - eine ihnen sehr fremde, zuweilen unbegreifliche Denkungs- und Wertungsart an den Tag legen. Es wäre schön, erklärte ein mir bekannter westdeutscher Unternehmer, bereits stark im Ostgeschäft engagiert, wenn die ehemaligen DDR-Bewohner eine andere Hautfarbe oder ein gänzlich anderes Aussehen hätten. Dann würde man nicht ständig zur Annahme verleitet, weil man ähnlich aussehe, die gleiche Sprache spreche, die gleiche Vor - Geschichte habe, besitze man auch die gleiche Mentalität. Tatsächlich verstünde man aber beispielsweise japanische Unternehmer oder Arbeitnehmer viel besser als ostdeutsche. Auch eine Art Werteschock...

Natürlich kann ich hier kein Mentalitätspanorama der Ostdeutschen zeichnen.[13)] Ich möchte lediglich einige derjenigen *Grundwertungen* umreißen, die sich *wandeln* werden, wandeln müssen: Um personelle Voraussetzungen für unternehmerische Tätigkeiten zu schaffen. Den *Wertewandel ohne Werteschock* zu erreichen, ist damit aber auch eine wichtige *Aufgabe unternehmerischer Tätigkeit* in diesem Teil Deutschlands - vielleicht die wichtigste.

Den Übergang von mechanisch - hierarchisch gesteuerten zu selbstorganisierenden ökonomischen Systemen hatte ich als entscheidende *objektive Voraussetzung* des Umbruchs in Osteuropa gekennzeichnet. Er hat auf der *subjektiven, kulturellen* Ebene seine *Entsprechung*. Karl Marx, kritischer Beobachter der fundamentalen Wende vom Spätfeudalismus zum Frühkapitalismus in Deutschland hat sie in einer Art Stufenfolge des menschlichen Freiheitsgewinns in Form von drei *fundamentalen Kulturstufen* der Menschheit skizziert: "Persönliche Abhängigkeitsverhältnisse (zuerst ganz naturwüchsig) sind die ersten Gesellschaftsformen, in denen sich die menschliche Produktivität nur in geringem Umfang und auf isolierten Punkten entwickelt. Persönliche Unabhängigkeit auf sachlicher Abhängigkeit gegründet ist die zweite große Form, worin sich erst ein System des allgemeinen gesellschaftlichen Stoffwechsels, der universalen Beziehungen, allseitiger Bedürfnisse und universeller Vermögen bildet. Freie Individualität, gegründet auf die universelle Entwicklung der Individuen und die Unterordnung ihrer gemeinschaftlichen, gesellschaftlichen Produktivität, als ihres gesellschaftlichen Vermögens, ist die dritte Stufe."[14] Ob diese dritte Stufe mehr als ein utopisches Ziel zeichnet, sei dahingestellt. Was jedoch bisher als Übergang von der zweiten zur dritten Stufe, vom Kapitalismus zum Sozialismus ausgegeben wurde, entpuppt sich heute als ein Verharren auf der ersten Stufe persönlicher, quasifeudaler Abhängigkeitsverhältnisse oder sogar - beispielsweise Ostdeutschland betreffend - als ein Rückfall auf diese Stufe. Wir beobachten heute in ganz Osteuropa eine Art - hoffentlich kurzer - Rekapitulation des historischen Übergangs vom Spätfeudalismus zum Frühkapitalismus. Dabei gibt es nicht nur den *Freiheitsgewinn*, sondern auch beträchtliche *Verluste*, wie sie bereits in der Mitte des vorigen Jahrhunderts beklagt wurden: Die Dominanz der "sachlichen Abhängigkeit", der "gefühllosen baren Zahlung" gegenüber anderen traditionellen, kulturellen, von menschlicher Wärme bestimmten Wertungen; die Abwertung von Alter und Weisheit zugunsten Jugend und funktionaler Intelligenz; die Auflösung familiärer und anderer sozialer Bindungen zunutzen einer hohen Disponibilität der Arbeitskraft; der Verlust vordem vorhandener sozialer Sicherheit, geprägt durch feste Positionen in stabilen gesellschaftlichen Hierarchien, zuliebe einer oft an fragwürdigen Fortschrittskriterien bemessenen hohen ökonomischen und sozialen Entwicklungsdynamik. Es ist sicher kein Zufall, daß die DDR - Literatur oft genug die deutsche Romantik bemühte, um Kritik am "Realsozialismus" zu üben. Viele Symptome der ostdeutschen Wende erinnern an den Aufbruch des biedermeierlichen ins gründerzeitliche Deutschland. Es könnte für den Unternehmer, der nicht nur in kommerziellen, sondern auch in ethischen und damit menschlichen Kategorien denkt hilfreich sein, sich diese historische Analogie zu vergegenwärtigen.

. Dies umso mehr, als er es mit der Erbschaft eines Systems zu tun bekommt, das darauf hoffte, durchaus begründete *ethische* Ziele durch die Beseitigung des Privateigentums an Produktionsmitteln *ökonomisch* zu erzwingen. Das ist gescheitert. Folglich kommt dem Unternehmer eine umso höhere Verantwortung zu: Er selbst muß ethische Wertungen interiorisieren um sie im Rahmen des wirtschaftlich Möglichen ins unternehmerische Handeln einbringen. Das erfordert auch, die *bisherigen Motivationen der bisherigen DDR-Arbeitnehmer* zu begreifen und nach neuen Möglichkeiten ihrer Motivation zu suchen. Dazu einige Beispiele.

1. Zu den bisherigen *Leistungsmotivationen* gehörte, daß "persönliche Abhängigkeitsverhältnisse" - Lob und Anerkennung, die Position in Kollektiv oder Betrieb, Betriebsklima und betriebliche Solidarität, bis hin zu echten Freundschaften unter Kollegen - allemal mehr zählten als der Lohn, denn die Lohndifferenzen waren viel zu gering. Die *persönlichen Faktoren* spielten folglich eine viel größere Rolle als die gehaltsindizierten "sachlichen Abhängigkeitsverhältnisse", die in der Bundesrepublik dominieren. Hieran ist, vor allem in der ersten Aufbauphase, die eine Angleichung östlichen und westlichen Lohnniveaus noch nicht zuläßt, unbedingt anzuknüpfen. Gleichzeitig ist zu beachten, daß über vierzig Jahre Gleichmacherei *krasse Lohn- und Einkommensunterschiede,* selbst wenn sie durch Leistungen gerechtfertigt

sind, eher *demotivierend* wirken lassen. Gerade kreative Menschen werden hingegen bereits durch die Möglichkeit, endlich ohne administrative Fesseln ihr Bestes geben zu können, hoch motiviert sein. Bei vernünftigem Anknüpfen an die Traditionen des sogenannten betrieblichen *Neuererwesens* - ohne dessen formalistische Auswüchse zu übernehmen - könnte einen starkes kreatives Potential freigesetzt werden.

2. Es wäre eine furchtbare Illusion zu glauben, die Bedrohung des Arbeitsplatzes, also die Aufkündigung der "sachlichen Abhängigkeit", könne leistungsstimulierend wirken. Über vierzig Jahre lang gab es in Ostdeutschland keine Arbeitslosigkeit, waren die Betriebsleiter verpflichtet, selbst dem Arbeitsscheuen, dem Asozialen, dem Kriminellen bei Entlassung einen neuen Arbeitsplatz zu verschaffen. Deshalb wird *Arbeitslosigkeit als furchtbare Katastrophe* erlebt. Daran kann keine Arbeitslosenunterstützung etwas ändern. Wer heute arbeitslos wird, erfährt eine langfristige Demotivierung durch Entwertung der Fähigkeiten und Fertigkeiten, die ihn ein Leben lang getragen haben und mit vielen positiven Erinnerungen verbunden sind. Er wird deshalb dieses einschneidende Erlebnis als *kontraproduktive Motivation,* als tief interiorisierte Negativwertung auf Jahre hin in die neue Zeit, die neue Erwerbstätigkeit mit hineintragen. Deshalb ist jede Lösung besser, die einen *arbeitsähnlichen* Charakter trägt, ob es sich um Kurzarbeit, um Arbeitsbeschaffungsmaßnahmen oder um eine Art vorgezogener "Rentnerarbeit" handelt. Die gegenüber dem Arbeitslosengeld entstehenden Mehrkosten werden bald durch erhöhte Leistungsmotivationen und höhere Disponibilitäten ausgeglichen sein.

3. Die Dominanz "persönlicher Abhängigkeitsverhältnisse" in der ehemaligen DDR, als "Vitamin B(eziehung)" vom Volkswitz oft genug karikiert, führt zu deutlichen *Mentalitätsunterschieden* zwischen Ost und West, die sich *im Alltagsverhalten* manifestieren. Hier stellt man sich als guten Kumpel dar, der um gotteswillen niemandem überlegen sein will, dort als besser verwertbare, leistungsfähigere Arbeitskraft. Das hat, überspitzt generalisiert, zur Folge: DDR-Bürger stapeln tief, bevorzugen das understatement, um etwas zu erreichen, während Bürger der Bundesrepublik eher dazu neigen, ihre Vorzüge überdeutlich und selbstbewußt zu artikulieren. Darauf, wie auf jede Art aggressiver anpreiserischer Werbung, reagieren erstere wiederum mit spürbarer Aversion. Ein charakteristisches Beispiel des Jahres 1990 ist die völlig wirkungslose Werbekampagne der Bundesregierung zur Wirtschafts- und Sozialunion. Solcher schönfärberischer Agitation - wenn auch unter anderen politischen Vorzeichen - waren die ehemaligen DDR-Bürger lange genug ausgesetzt. Nur kluge selbstkritische Akzente hätten zur "Werbewirksamkeit" geführt. Längerfristig gilt das übrigens, so meine Vermutung, für die meisten Formen von Produktwerbung!

4. Geradezu frustrierend wirkt es wohl auf Dauer, wenn man in einem Land, das über vierzig Jahre lang mit Geldüberhang und Produktknappheit kämpfte, plötzlich ungehemmt Produkte anpreist, die sich kein Durchschnittsbürger leisten kann. Niemand sollte glauben, das *latente Schwarz-Weiß-Bild vom Kapitalisten, vom Kapitalismus* sei schon deshalb abgebaut, weil gegenwärtig antisozialistische Stimmungen die ostdeutsche Szene beherrschen. Es gehört zu den tief interiorisierten

Grundwertungen und wird, soviel läßt sich schon jetzt voraussagen, immer dann aktiviert werden, wenn Existenzunsicherheit und Zukunftsangst das gesellschaftliche Grundgefühl dominieren.

5. Diese wenigen Anmerkungen zusammenfassend läßt sich feststellen: Der Werteschock behindert die Wertewende. Will man diese mit einem Minimum an Reibungsverlusten gestalten, gilt es, *langfristig positive Grunderlebnisse* im Start der Umstellung wirken zu lassen. Sie erzeugen positive Leistungsbereitschaft auch bei vorerst niedrigerem Lohnniveau und geringerer Leistungsdifferenzierung. Die sofortige und vollständige Durchsetzung bundesdeutscher Maßstäbe und Wertungen, verknüpft mit einer Geringschätzung des in der DDR bisher - und mit nicht weniger Arbeit, Anstrengung und Ehrgeiz als in der Bundesrepublik! - Erreichten behindert den Aufbau, verlangsamt das Tempo der Umstellung, erzeugt Verunsicherung, Neurotisierung, Haß.[15)] Es ist kontraproduktiv, das historisch gewachsene Identitätsgefühl der Ostdeutschen zu zerstören, anstatt es zu akzeptieren und in ein gesamtdeutsches Nationalgefühl - ohne Nationalismus - einzuschmelzen. Dabei könnten nicht zuletzt philosophische Überlegungen zum Wertewandel und zur Werteinteriorisation hilfreich sein.

Literatur:

1) K. Biedenkopf, DDR - Erfahrungen im Ostgeschäft fruchtbar machen, in: horizont 12/90, S.21

2) K.-H. Hillmann, Wertwandel. Zur Frage soziokultureller Voraussetzungen alternativer Lebensformen, Darmstadt 1989
3) vgl. genanntes Werk von K.-H.Hillmann, das einen Großteil der Literatur zu Wertstruktur und Wertwandel in der BRD bis 1988 mit ausweist; ferner H.Meulemann, Säkularisierung und Politik. Wertwandel und Wertstruktur in der Bundesrepublik Deutschland, in: Politische Vierteljahresschrift 26 (1985), H.1, S.29-51; G. Franz, W. Herbert, Werte, Bedürfnisse, Handeln, Frankfurt a.M., New York 1986; J.Scholz, Wertwandel und Wirtschaftskultur, München 1987; R.Inglehart, Kultureller Umbruch, Frankfurt/M, New York 1990
4) Dies als Extrakt nach H.-G. Kessler, J.Miermeister (Hrsg.), Vom 'Großen Knast' ins 'Paradies'? DDR-Bürger in der Bundesrepublik. Lebensgeschichten, Hamburg 1983; M.Ahrends (Hrsg.), Mein Leben, Teil zwei, Köln 1989
5) K.Jaspers, Die Schuldfrage, München 1946
6) J.Erpenbeck, Motivation. Ihre Psychologie und Philosophie, Berlin 1984, S.316ff
7) sehr überzeugend dazu K. Steinbuch, Automat und Mensch, 4.Aufl., Berlin, Heidelberg, New York 1971,S.172
8) vgl. dazu eine der umfangreichsten Debatten der Nachkriegsära in den USA, ausgelöst durch Fukuyamas Essay "Das Ende der Geschichte?" , referiert in: Dialogue, 3/1990, S.8ff
9) E.Spranger, Lebensformen (2.erw.Aufl.), Halle 1921, bes. S.283; ebendort:"Es hat etwas für sich,wenn man sagt: Das wirtschaftliche Erlebnis und das äs-

thetische Erlebnis d.h. Bedürfnisbefriedigung und eine schauende Lust seien von so verschiedener Qualität, daß sie nicht gegeneinander abgewogen werden könnten. Wer will in Geldeinheiten Ausdrücken, wieviel mir eine Liebe wert ist, und wer will in Liebeseinheiten ausdrücken, was mein neuer Rock gekostet hat?"

10) O.Schwemmer, Die Philosophie und die Wissenschaften, Frankfurt a.M. 1990

11) Ch. De Rentiis, Studiengruppe Vergleichende Kulturforschung, Bestandsaufnahme, Akademie der Wissenschaften zu Berlin (West), 1989

12) J.Erpenbeck, ebenda, S.418f

13) das ist auf vorzügliche Weise gezeichnet bei G.Gaus, Wo Deutschland liegt. Eine Ortsbestimmung, Hamburg 1983

14) K.Marx, Ökonomische Manuskripte (1857/58) in: MEGA, 2.Abt., Bd.1.1, Berlin 1976, S.90-91

15) vgl.D.König, Vor der eigenen Grenze. Psychosoziale Folgen der Wende in der DDR, in: Volkszeitung 17/1990,S.14

*Adolf-Friedrich Jacob**

Der real existierende Sozialismus: von der Wissenschaft zur Utopie

Das Thema soll in sieben Aspekten beleuchtet werden: Sozialdemokratische Zukunftsbilder aus dem Jahre 1891 / Die konstitutiven Elemente dessen, was eine Utopie genannt wird / Utopien und Topien: Zwillinge im Denken der Epochen / Das Menschenbild: Die mechanistische Weltanschauung der Aufklärung / Über die Willensfreiheit des Menschen / Die Rationalität in den Wirtschaftswissenschaften / Auf dem Wege zur Wirtschaftsgesellschaft einer globalen Welt.

Einleitung
§ 1
Sozialdemokratische Zukunftsbilder aus dem Jahre 1891

Eugen Richter, einer der bekanntesten deutschen Politiker des späten 19. Jahrhunderts, ein leidenschaftlicher Liberaler, verfaßte im Jahre 1891 eine Satire auf den von Bebel verhießenen sozialdemokratischen Zukunftsstaat: Sozialdemokratische Zukunftsbilder; sie stehen dem Typus der Anti-Utopie - Beispiel: Orwell's Farm der Tiere - nahe[1)].

---

* Prof. Dr. Adolf-Friedrich Jacob, Wissenschaftliche Hochschule für Unternehmensführung Koblenz.

Aus diesen Zukunftsbildern seien zur Einleitung einige kurze Zitate ausgewählt.

In diesem Zukunftsstaat tritt ein Gesetz gegen die unerlaubte Auswanderung in Kraft mit der Begründung:

„Die Sozialdemokratie beruht auf der allgemeinen Arbeitspflicht ebenso wie die frühere Ordnung in der allgemeinen Militärpflicht ihre Stütze fand. Sowenig es damals Personen im militärpflichtigen Alter gestattet war, ohne Erlaubnis auszuwandern, sowenig kann dies unser Staatswesen Personen im arbeitspflichtigen Alter erlauben. Altersschwache Leute und Säuglinge mögen auswandern, aber Personen, die ihre Erziehung und Bildung dem Staate verdanken, kann die Auswanderung nicht gestattet werden, solange sie noch im arbeitspflichtigen Alter stehen."

Richter beschreibt, daß zunächst in der Tat die Rentner mit ihren Familien das Land verlassen. Die sich anschließende Auswanderung fast aller Maler, Bildhauer und vieler Schriftsteller sei noch zu verschmerzen. „Allerdings hat die Auswanderung der Bildhauer zur Folge, daß die Aufstellung vieler Statuen unserer verstorbenen Geistesheroen Unter den Linden noch nicht erfolgen konnte."

Richter fährt fort:

„Befremden mußte es allerdings erregen, daß in stets wachsender Zahl auch nützliche Leute, welche etwas gelernt haben, über die Grenzen gehen, nach der Schweiz, England und Amerika, wo die Sozialdemokratie noch immer nicht zur Herrschaft gelangt ist. Architekten und Ingenieure, Chemiker, Ärzte, auch Lehrer, dazu tüchtige Betriebsleiter, Modelleure, Techniker wandern scharenweise aus. Die Tatsache erklärt sich aus einem bedauerlichen Geisteshochmut. Diese Leute bilden sich ein, etwas Besseres zu sein, und können es nicht ertragen, daß sie gleichen Lohn mit dem einfachen ehrlichen Arbeiter erhalten."

Jene Aristokraten wird der Staat jedoch missen können, wenn „erst die Jugend in unseren sozialdemokratischen Erziehungsanstalten herangebildet (ist) und sich dort von einem edlen Ehrgeiz hat durchdringen lassen, alle Kräfte dem Gemeinwohl zu widmen."

Und mit bemerkenswerter Hellsicht zieht Richter die Konsequenz:
„Man kann es daher nur billigen, daß das Auswanderungsverbot mit Strenge gehandhabt wird. Dazu ist eine scharfe Besetzung der Grenzen, namentlich der Seeküsten und der Landgrenzen gegen die Schweiz, erforderlich. Das stehende Heer wird dazu weiterhin um viele Bataillone Infanterie und Eskadrons Kavallerie vermehrt werden. Die Grenzpatrouillen sind angewiesen, gegen Flüchtige von der Schußwaffe rücksichtslos Gebrach zu machen ..."

So nahe diese Zukunftsbilder eine Anti-Utopie stehen, sind sie doch eher eine Vision, ein Traum, wie ihn Martin Luther King träumte, jedoch ein Alptraum. Die Zitate sind eine bedenkenswerte Einleitung zu dem Thema, den real existiert habenden Sozialismus als eine besondere Form der Utopie zu identifizieren.

Dazu wird es zunächst nötig sein, die Konstruktionselemente der Utopien, besser: von Utopien, darzustellen.

Hauptteil
§ 2
Die konstitutiven Elemente dessen, was eine Utopie genannt wird

Zwei Quellen speisen die Utopie: ou-topos, verdeutscht „das Nicht-Land", das Nirgendwo, oder eutopos, der Idealstaat. Schon Thomas Morus hat sich dieses Wortspiels bedient.

Utopien haben immer die Frage nach dem besten Staat, der besten Gesellschaftsordnung, zum Gegenstand. In der Tat ist dies eine uralte Fragestellung der Philosophie, der Staatsdenker, aber auch der Theologen und - mindestens seit der Aufklärung - auch der aufgeklärten Ökonomen. Knapp definiert Martin Buber als „Utopie": „Entfaltung der im Zusammenleben der Menschen ruhenden Möglichkeiten einer rechten Ordnung."[2)]

Dieses Land Nirgendwo, oder dieser Idealstaat, besitzt ein Grundelement: jede Utopie beschreibt eine Gesellschaft, in der das Element des Wandels fehlt. Utopien sind statische Denkgebilde.

Dahrendorf weist auf die seltsame Isolation der Utopien von anderen Gesellschaften hin, Utopien seien monolithische, homogene Gebilde, frei schwebend in Raum und Zeit, abgesondert von der Außerwelt.[3)] Dahrendorf leitet die folgenden vier konstitutiven Elemente ab[4)]:

1. Isolierung in Raum und Zeit
2. Allgemeiner gesellschaftlicher Konsens
3. Konfliktlosigkeit, mit der Ausnahme individueller Abweichung (die zu gesellschaftlichen Sanktionen führt)

4. Fehlen von nicht-funktionalen Prozessen

Er schlußfolgert:

„Utopia ist - in der Sprache der Ökonomen - eine Welt der Gewißheit. Es ist das gefundene Paradies; Utopier kennen alle Antworten."[5)]

An Beispielen soll versucht werden, diese Elemente zu veranschaulichen.

§ 3
Utopien und Topien: Zwillinge im Denken der Epochen
Absatz 1: Platon und Aristoteles

Ursprung aller abendländischen Staatsphilosophie sind die beiden Schriften Plantons: Der Staat und Die Gesetze. Die Politeia, der Staat, war von Platon als realisierbar, als Vision des Möglichen gedacht worden. Er hatte die Chance, ihn umzusetzen: dreimal ist er von Athen zu seinem Schüler und Freund Dionys, in dem er den Philosophen-König seines Idealstaates sah, nach Syrakus gereist. Der Versuch, seine Kastenordnung, seine streng ständische Ordnung einzusetzen, scheiterte. Platon war weise genug, dieses Scheitern einzusehen. „Ohne seine Idee der besten aller möglichen Welten aufzugeben, beschloß er, daß möglicherweise für wirkliche Menschen und unter wirklichen Umständen die Demokratie mit all den Schwächen ein brauchbarer Weg sei."[6)]

Und er verfaßte den Dialog „Nomoi", die Gesetze.

An die Stelle des Philophen-Königs tritt die göttliche Staatsverfassung, die durch Wächter geschützt wird.

Diese Wächter vereinigen die vier Elemente der Tugend in sich: Tapferkeit und Besonnenheit, Gerechtigkeit und Weisheit.Die Wächter der Gesetze bilden die göttliche Versammlung, die nachts zusammentritt und allein darüber zu befinden hat, ob irgendetwas Neues im Staat eingeführt werden kann. Der gegenwärtige Zustand soll mit allen Mitteln erhalten werden: Das Konzept der absoluten Unwandelbarkeit war damit formuliert. Denn: Da dieser Staat der bestmögliche ist, kann derjenige, der den Staat verändern will, nur entweder geistesgestört sein: er begreift das Fehlerhafte seines Denkens nicht, oder aber kriminell: er will zum Schaden des Staates das minder Gute, eben das Böse.

Sofern diese göttliche Versammlung zustande kommt, heißt es am Ende der Nomoi (969c), „dann wird in der Tat das in der Wirklichkeit vollendet werden, dessen wir kurz vorher wie eines Traumbildes in der Rede erwähnten."

Der Inhalt der Gesetze läßt diesen Staat als einen totalitären Staat strengster Observanz erscheinen.[7)] So finden wir folgende Charakteristika:

- Der Staat ist isoliert.

Auslandsreisen sind nur älteren Bürgern - und auch nur zum Zwecke der Spionage - erlaubt.

- Aufseher, Wächter überwachen und kontrollieren das öffentliche und das private Leben.
- Das staatliche Erziehungswesen sorgt dafür, daß von frühester Jugend an die Normen, die Gesetze des Idealstaates befolgt und gelebt werden.

In der Vorstellung Platons war dieser Idealstaat statisch: nicht eine Entwicklung der Menschheit sollte ihn in einer fernen Zukunft möglich erscheinen lassen, hier und heute konnte aus dem Traum Wirklichkeit werden, wenn eine Anzahl von Tugendhaften zusammenkam, wenn diese göttliche Versammlung zustande kam, der man den Staat übergeben muß. Platon formuliert: Wenn in unserem Staate die Männer zu Wächtern werden.

Der kosmisch geprägten Ideenwelt Platons stand sein Schüler Aristoteles, der große Logiker, verständnislos gegenüber. An die Stelle göttlicher Ideen treten bei ihm die Kategorien der realen Welt, an die Stelle der Ideen tritt der Logos: die Vernunft.

Aristoteles, der die Gerechtigkeit als ausgleichende *und* zuteilende denkt, ist es, der das Prinzip des Mittleren, des Ruhepunktes zwischen den Extremen, zum Zentralthema seine Philosophierens erhebt. Aristoteles ist es, der aus diesem Prinzip heraus die möglichen Staatsformen: die Oligarchie, die Demokratie, die Aristokratie analysiert. Diese Staatsformen sind Idealtypen, da sie Gedankengebilde sind, die in ihrer „begrifflichen Reinheit ... nirgends in der Wirklichkeit empirisch vorfindbar“ sind[8)], aber sie sind nicht Utopie im Sinne eines Idealstaates oder einer Idealgesellschaftsform.

Platon ist Utopier, Aristoteles ist Staatstheoretiker. Sie sind, zusammen mit der dritten Komponente antiken (utopischen) Staatsdenkens: der christlichen Urgemeinde, die geistesgeschichtlichen Wurzeln alles abendländischen gesellschaftstheoretischen Denkens. Überspitzt formuliert:

Auf Platon und dem Christentum gründet der Sozialismus

Auf Aristoteles und dem Chrristentum gründet der Kapitalismus.

Absatz 2: Morus und Macchiavelli

So, wie sich in der Antike Platon und Aristoteles gegenüberstehen, sind im Mittelalter Morus und Macchiavelli antipodenhaft miteinander verbunden.

Sah Platon seinen Idealstaat als Traum, aber in seiner Zeit mit der Chance der Realisierung, tritt mit Thomas Morus der erste Denker einer Utopia auf. Er beschreibt ein Land „Nirgendwo" und konstruiert dieses zugleich als einen Idealstaat.

Der Titel seines hochberühmten Traktates:
Ein/wahrhaft goldenes Büchlein/von/der besten Staatsverfassung/und von der neuen Insel Utopia/nicht minder heilsam als/kurzweilig zu lesen/verfaßt von dem hochberühmten Thomas Morus/der weltbekannten Stadt London Bürger und Vicecomes/mit Hilfe des/Magisters Petrus Ägidius aus Antwerpen/und dank der Kunst des/Honorus Martinus von Aelst/Druckers der Hohen Akademie/zu Löwen, jetzt zum ersten/Male aufs Sorgfältigste herausgegeben/mit Genehmigung und Privileg. Editio princeps 1516.

Auf diesen Staatsroman im einzelnen einzugehen, ist hier nicht der Ort. Lediglich die konstitutiven Elemente interessieren:[9)]

- Utopia ist eine isolierte und unangreifbare Insel
- Utopia ist eine Neugründung, hat also keine historischen Zusammenhänge zur Voraussetzung
- In Utopia ist das Gemeineigentum, die völlige Aufhebung des Privateigentums, eingeführt
- In Utopia herrscht eine primitive, vorwiegend agarische Wirtschaftsform.
- Diese Wirtschaftsform ermöglicht es dem Utopier,

mit Hilfe einer allgemeinen Arbeitspflicht die Arbeitszeit auf sechs Stunden zu begrenzen. Dies schafft die nötige Muße für die Freiheit des Geistes und der Seele.

Die Utopia enthält den staatsmoralischen Standpunkt des Morus: Bei Existenz von Privateigentum und Geld kann kein Staat gedeihen. So groß auch die Gütermenge sein wird, immer werden Wenige sich in sie teilen und der Masse den Mangel lassen. Allein die Aufhebung des Privateigentums kann zum Ziel der Realisierung einer besten Staatsverfassung führen.

Über das Geld als gesellschaftszerstörendes Medium schreibt er: (2. Buch):
Welch glücklicher Zustand des utopischen Staates! Welche Last von Verdrießlichkeiten ist in diesem Staate abgeschüttelt, welche gewaltige Saat von Verbrechen mit der Wurzel ausgerottet, seit dort mit dem Gebrauch des Geldes zugleich die Geldgier gänzlich beseitigt ist! Denn wer sieht nicht, daß Betrug, Diebstahl, Raub, Streit, Aufruhr, Zank, Aufstand, Mord, Verrat und Giftmischerei ... mit der Beseitigung des Geldes alle zusammen absterben müssen, und daß überdies auch Furcht, Kummer, Sorgen, Plagen und Nachtwachen in demselben Augenblick verschwinden müßten?"

und

„Da sie nämlich selber kein Geld brauchen, ... legt kein Mensch größeren Wert auf den Besitz von Gold und Silber, aus denen Geld gemacht wird, als ihrem natürlichen Wert entspricht ...
So lassen sie aus Gold und Silber für die öffentlichen Hallen wie für die Privathäuser allerorten Nachtgeschirre und lauter für niedrige Zwecke bestimmte Gefäße anfertigen. Ferner werden die Ketten und dicken

Fußschellen der Sklaven aus denselben Materialien hergestellt. Endlich werden allen denen, die irgendein Verbrechen ehrlos macht, goldene Ringe an die Ohren gehängt, goldene Fingerringe angesteckt, ein goldenes Halsband umgetan und um den Kopf ein goldener Reif gelegt ..."

Zwei Würdigungen der Utopia des Thomas Morus seien angeführt:
Der Sozialist Karl Kautsky hat 1888 gemeint, mit der Utopie des Morus' beginne der moderne Sozialismus.[10)]

Hermann Oncken hat 1922 diese gesellschaftliche Typisierung des Morus als „theoretischen Kommunismus" bezeichnet[11)], eine naturrechtliche Konstruktion eines idealen Urzustandes, leicht in eins zu setzen mit dem goldenen Zeitalter der christlichen Urgemeinde[12)]. Allerdings kannte dieses Urchristentum kein Programm der Weltgestaltung und keine Vorschläge für eine Reform der realen politischen und sozialen Verhältnisse[13)]. Insoweit ist das Goldene Zeitalter ein Mythos.

Platon und Christus sind die Kronzeugen des Thomas Morus. Für ihn sind die Menschen sittlich-moralisch indifferent, aber zum Guten erziehbar. Er geht vom Individuum aus und dessen unveräußerlichen (Natur-) Rechten, wenn er sein Utopie konstruiert.

Anders das Gegenbild des Macchiavelli:
Macchiavelli zeichnet den Staat aus der Vogelperspektive. Der Staat ist ein Kunstwerk seines Schöpfers, der frei gestalten kann, weil der Mensch von Natur aus böse ist: homo hominis lupus est. Seine Zeugen sind Alexander und Caesar.

Absatz 3: Marx & Engels und die Moralisten

Dreißig Jahre nach dem Erscheinen des kommunistischen Manifests veröffentlicht Engels seine Streitschrift „Die Entwicklung des Sozialismus von der Utopie zur Wissenschaft". In ihr wird der böse Begriff „Utopist" kreiert, zunächst noch angewendet auf die prähistorischen Sozialisten Saint-Simon, Fourier und Owen. Später verwenden Marx und Engels „Utopist" als Schimpfwort, als Waffe des Marxismus gegen den nichtmarxistischen Sozialismus: Wissenschaft contra Utopie.

Der Marxismus ist auch und insbesondere eine *Geschichts*philosophie mit einer utopischen Vision. Im Dritten Band des „Das Kapital" lesen wir auf Seite 873: „Das Reich der Freiheit beginnt in der Tat erst da, wo das Arbeiten, das durch Not und äußere Zweckmäßigkeit bestimmt ist, aufhört; es liegt also der Natur der Sache jenseits der Sphäre der eigentlichen materiellen Produktion."

Jean Paul Sartre kommentiert[14):]

„Sobald für alle ein Spielraum wirklicher Freiheit zum Leben, jenseits der Produktion, besteht, hat der Marxismus seine Zeit vollendet, es wird dann eine Philosophie der Freiheit an seine Stelle treten, doch besitzen wir keine Möglichkeit, keine Denkmittel und keine konkreten Erfahrungen, die es ermöglichen, uns einen Begriff von dieser Freiheit und von dieser Philosophie zu machen."

Die Sphäre der eigentlichen materiellen Produktion bedingt zwar den sozialen, politischen und geistigen Lebensprozess. Es wird aber vielfach von den Exegeten übersehen, daß keine automatische Wirkung der ökonomischen Lage gegeben ist, sondern, so Engels in einem Brief an Starkenburg[15)] 1894, „die Menschen machen ihre Geschichte selbst." Und er fährt fort: „aber in einem gegebenen, sie bedingenden Milieu, auf Grundlage tatsächlicher Verhältnisse, unter denen die ökonomischen ... doch in letzter Instanz die entscheidenden sind."

Die kardinale Aussage: *die Menschen machen ihre Geschichte selbst* relativiert die Auffassung von der materialistischen Geschichtsphilosophie, sie sehe in dem Gesetz der geschichtlichen Entwicklung die gleiche Unfehlbarkeit wie in den Naturgesetzen. Die Aussage von Engels wird in einer russischen Besprechung des „Das Kapital", die Marx im Vorwort seiner Zweiten Auflage zustimmend zitiert, bestätigt: „Marx betrachtet die gesellschaftliche Entwicklung als einen naturgeschichtlichen Prozeß, den Gesetze lenken, die nicht nur von dem Willen, dem Bewußtsein und der Absicht der Menschen unabhängig sind, sondern vielmehr umgekehrt deren Willen, Bewußtsein und Absichten bestimmen."
Willen, Bewußtsein und Absichten des Menschen werden bestimmt, Gesetze lenken den Prozeß, jedoch das menschliche Handeln vermag allein erst die Zukunft zu gestalten.

In unserem Zusammenhang ist irrelevant, daß die ökonomischen Gesetze der Werttheorie und der Profittheorie logisch nicht haltbar sind. Relevant ist allein, daß in der materialistischen Geschichtsphilosophie der in der Zukunft sich gestaltende Idealstaat, indem er sich als Staat auflöst, jenseits der eigentlichen Sphäre der materiellen Produktion liegt - nirgendwo also, eine Utopie. Marx, beim Wort genommen, war selbst ein Utopist.

Entscheidend für die materialistische Geschichtsauffassung ist wohl, daß die Menschen, die ihre Geschichte gestalten, nicht durch ein pädagogisches System zu einem staatsgewollten Verhalten erzogen werden, sondern daß diese Erziehung durch die ökonomische Lage mit naturgesetzlicher Notwendigkeit herbeigeführt wird.

Dieser mechanistischen, letzlich jedoch utopistischen Geschichtsauffassung mit der gesellschaftlich bedingten Auflösung von Privateigentum, der Abschaffung von Geld und Kapital, stehen die Moralisten des englischen Liberalismus gegenüber: Smith und Mill.

In diesem Zusammenhang sei aus einer heute fast vergessenen, von Mill aber als besonders wichtig eingeschätzten Schrift zitiert (John Stuart Mill: On Liberty, 1859). Mill schreibt dort über die Erziehung[16)]:
„Wäre die Pflicht des Staates, ein gewisses Maß von Erziehung zu erzwingen, einmal anerkannt, so wäre auch die schwierige Frage gelöst, was der Staat lehren soll und wie er es lehren soll, die heute die Sache zu einem wahren Schlachtfeld für Sekten und Parteien macht und die Zeit und Arbeit auf Schwatz und Gezänk über Erziehung vergeuden läßt, Zeit und Arbeit, die besser auf die Erziehung selbst verwendet werden sollten. Wenn die Regierung ihre Mühe einmal darauf richten wollte, für jedes Kind eine gute Erziehung zu verlangen, so könnte sie sich die Verlegenheit ersparen, sie zu beschaffen. Sie könnte es dann den Eltern überlassen, die Erziehung nach eigenem Gefallen einzurichten, und könnte sich selbst damit begnügen, die ärmeren Klassen bei der Bezahlung des Schulgeldes zu unterstützen und bei Schülern, die niemanden haben, der für sie zahlt,

das gesamte Schulgeld zu bestreiten. ... Eine allgemeine Staatserziehung ist eine teufliche Erfindung, um das Volk ganz nach der Schablone zu formen; und da die Schablone, zu der es gegossen wird, so beschaffen ist, wie sie der herrschenden Macht im Staate, sei es ein Monarch, eine Priesterherrschaft, eine Aristokratie oder die Mehrheit der augenblicklichen Generation, gefällt, so stellt sie im gleichen Maße ihrer Wirksamkeit und ihres Erfolges eine Zwingherrschaft über den Geist her, die schließlich im natürlichen Ergebnis zu einer auch über den Körper führt. Eine vom Staate eingerichtete und beaufsichtigte Erziehung sollte nur, wenn sie überhaupt Existenzberechtigung hat, als ein Versuch unter verschiedenen konkurrierenden bestehen dürfen, unternommen zum Zweck des Beispiels und der Anregung, um die anderen Erziehungsexperimente auf einer gewissen Höhe der Vortrefflichkeit zu halten. Falls jedoch die Gesellschaft nicht fähig oder nicht willens ist, von sich aus für geeignete Erziehungsanstalten zu sorgen, sei es denn, daß die Regierung eingreift - dann darf in der Tat die Regierung zum kleineren der beiden Übel greifen und selbst die Einrichtung von Schulen und Universitäten in die Hand nehmen, so wie sie auch Aktiengesellschaften in die Wege leiten darf, wenn privater Unternehmungsgeist, der sich an große Industriewerke heranwagt, im Lande nicht existiert."

Die Vision der Moralisten vom Wohlstands-Staat hat sich unter beträchtlichen Wandlungen und Adaptionen in der Marktwirtschaft realisiert. Die marktwirtschaftliche Wirtschafts- und freiheitliche Gesellschaftsform sind offenbar eine der menschlichen Sehnsucht nach Selbstentfaltung und Selbstverwirklichung entsprechende Ordnungsvorstellung. Sie führen zu einem Wohlfahrtsstaat, der dem Idealstaat der Utopier sehr nahe kommt. Dies, obwohl er von zwei Elementen geprägt wird, die den Idealstaat als Utopie verhindern sollten: das Privateigentum und das Geld.

1773 proklamiert Morelly ein Grundgesetz, das alle Laster und Übel der Gesellschaft an der Wurzel abschneidet, so der Titel[17)], es besteht aus drei Artikeln:

I. Nichts in der Gesellschaft kann im Privatbesitz oder Eigentum eines einzelnen stehen. Ausgenommen hiervon sind lediglich die Artikel des täglichen Gebrauchs, d.i.: die Gegenstände, welche der Einzelne für seine Bedürfnisse, für sein Vergnügen oder für seine tägliche Arbeit benötigt.

II. Jeder Bürger gehört dem Staate und wird auf Kosten und zum Besten der Gesamtheit unterhalten und beschäftigt.

III. Jeder Bürger ist verpflichtet, nach seinen Kräften, seinen Anlagen und seinem Alter zum allgemeinen Wohle beizutragen. Demgemäß werden seine Pflichten durch das Wirtschaftsgesetz geregelt.

Diesem „Gesetzbuch der Natur" steht die Vision unseres Grundgesetzes gegenüber, insbesondere in seinen ersten neunzehn Artikeln.

Damit ist nun allerdings schon weit vorgegriffen worden. Resumiert werden muß zunächst die Frage nach den Elementen der Utopie. Für Platon und Morus sind sie offensichtlich: Fehlen des Elements des Wandels, Isolation in Raum und Zeit, gesellschaftlicher Konsens, Konfliktlosigkeit mit Ausnahme individueller Abweichung.

Für Marx gelten diese Elemente lediglich für das Reich

der Freiheit jenseits der Sphäre der materiellen Produktion.

Gibt es einen Weg dorthin, und war der real existierende Sozialismus eine Station auf diesem Weg? Diese Frage soll uns im folgenden beschäftigen.

§ 4
Das Menschenbild
Die mechanistische Weltanschauung der Aufklärung

Das Zeitalter der Aufklärung bedeutete für 250 Jahre den Triumph des Aristoteles über Platon. Dieser Triumph führte zur Implementierung des evolutionären Fortschrittsprozesses der Menschheit mit dem Ziel einer vollkommenen Gesellschaftsordnung entweder des Kommunismus oder des Kapitalismus. Eine Wirtschafts- und Gesellschaftsordnung scheint sich heranzubilden, in der das Gedankengut beider Väter abendländischer Philosophie zu einer Synthese verbunden ist. Diese Synthese vereint das idealistische Menschenbild platonisch (und christlich) inspirierter Vorstellung mit der aristotelisch-naturwissenschaftlichen Erkenntnis der Gesetze der realen Welt.

Das Menschenbild der Aufklärung ist auf den ersten Blick ambivalent:
Auf der einen Seite steht Jean Jacques Rousseau mit seinem Erziehungsideal „Emile". Hier manifestiert sich das Vertrauen auf die gute Natur des Menschen. Hier steht die Überzeugung, durch eine geeignete Erziehung den Menschen zur Einsicht in das Richtige und Vernünftigste führen zu können. Der Zwang wird durch Einsicht überwunden.

Auf der anderen Seite stehen die Cartesianer, die einen neuen Zweig der Wissenschaften hervorbringen: die Soziologie. Sie forschen nach Gesetzen gesellschaftlichen Zusammenlebens. Le Bon steht am Anfang als Ahnherr: die Psychologie der Massen, nach unserem heutigen Verständnis eher: die Soziologie der Massen, heißt sein berühmtes Werk. Das andere Extrem aus dieser Wurzel: Pareto mit der Soziologie der Eliten.

Auf der anderen Seite steht aber auch der Philosoph des Idealismus Immanuel Kant, der in seiner Schrift „Idee einer allgemeinen Geschichte in weltbürgerlicher Absicht“[18)] formuliert: „Dank sei ... der Natur für die Unvertragsamkeit, für die mißgünstig wetteifernde Eitelkeit, für die nicht zu befriedigende Begierde zum Haben oder auch zum Herrschen. Ohne sie würden alle vortrefflichen Naturanlagen in der Menschheit ewig unentwickelt schlummern. Der Mensch will Eintracht, aber die Natur weiß besser, was für seine Gattung gut ist: sie will Zwietracht.“

Sozialismus und Liberalismus, utopische Gesellschaftsordnung und zutiefst realistische Vorstellung einer Gesellschaftsordnung, unterscheiden sich im Kern durch ihr Bild vom Menschen.

Der *Sozialismus* ist ein, so Ernst Bloch[19)], sozial-utopisches Herstellungs-Modell des „die Gesellschaft oft abstrakt, doch immer immanent konstruktiv verbessern wollenden.“ Dieses Zukunftsziel kann nur durch eine entsprechende *Erziehung* der Menschen erreicht werden. Extrem formuliert: der Mensch ist bildbar zur Kollektivität des Denkens und des Wollens. Insoweit ist der utopische Sozialismus notwendigerweise stets ein Totalitarismus der Unterdrückung aller Oppositionen[20)]. Für diese

Sicht ist die Frage, ob der Mensch von Natur aus gut oder böse sei, völlig irrelevant: er ist durch Erziehung bildbar.

Bedenkenswert ist, daß sich in dieser Auffassung abendländische Utopie und amerikanischer Behaviorismus sehr nahe sind. Erinnert sei, daß diese soziologische oder psychologsiche Wissenschafts-Richtung in ihrem Ursprung pädagogisch war: der Schöpfer des Behaviorismus war der Pädagoge Dewey. Der Tod des Hauptvertreters dieser zum moralischen Relativismus führenden Anschauung, Burrhos Frederic Skinner, in diesen Tagen mag diesen Seitenblick gestatten. Sein Lehrer, John Watson, hat sich erboten, „wahllos aus jedem Säugling einen Künstler, einen Kaufmann oder einen Dieb zu machen“[21)]. Am Rande sei vermerkt, daß ein behavioristischens Verhaltensmuster auch das ökonomische Denken der westlichen Welt geprägt hat. Teleologisch gesehen treffen sich hier marxistische und wohlfahrtsökonomische Denkmuster.

Der Liberalismus hingegen setzt auf die gesellschaftsordnenden Kräfte der freien Entfaltung des Menschen.

§ 5
Über die Willensfreiheit des Menschen

Die streitigste Frage der streitigsten Wissenschaft ist nach einem Hume'schen Ausspruch die Frage nach der Willensfreiheit des Menschen. Dieser Streit soll hier nicht bereichert werden. Die Frage der Willensfreiheit interessiert in diesem Zusammenhang nur als soziologisches Problem. Die ethische, psychologisch, erkenntnistheoretisch-metaphysische Seite des Problems ist nicht relevant für die Frage nach der Stellung des Menschen in einer Gesellschaftsform.

Dennoch sollen zwei in der Antike wichtige Quellen zitiert werden: Da ist einmal der berühmte Esel des Buridan: er steht zwischen zwei in jeder Weise identischen Heuhaufen und muß, falls sein Willen determiniert ist, verhungern. Er hat keine Entscheidungsalternative. Er wird jedoch nicht verhungern, wenn er eine Präferenz hat, z.B. jene, daß ihm ein Futterangebot auf der rechten Seite angenehmer ist als ein solches links von ihm. Der Esel muß sich eine künstliche, eine als-ob Alternative zwischen identischen Gütern schaffen, eben eine Präferenz. Da ist zum anderen Seneca mit seinem berühmten Ausspruch: Ducunt volentem fata, nolentem trahunt. Den, der willig ist, leitet das Schicksal, den sich sträubenden schleift es mit. Eine Erkenntnis, die in der neuesten Geschichte eine bemerkenswerte Rolle gespielt hat. Und die materialistische Geschichtsauffassung eines Marx, eines Engels könnte dieser relativen Indeterminismus-Interpretation folgen, wie es oben ausgeführt ist. Insofern kann es auch nicht erstaunen, daß Gorbatschow auf dieser Linie argumentiert hat.

Die Vorstellung, daß der Mensch im Rahmen der ihm offenen objektiven Möglichkeiten frei wählen kann, die Vorstellung, daß es zur Menschenwürde gehört, ihm die Chance der Wahl zu ermöglichen, diese Vorstellung prägt das Menschenbild des Liberalismus. So postuliert dann auch Mill[22)]:

„Es ist die Absicht dieser Schrift, einen sehr einfachen Grundsatz zu vertreten, einen Grundsatz, der im Konflikt zwischen dem Individuum und der Gesellschaft unbedingt herrschen sollte, mögen die angewandten

Mittel physische Kraft in Form von gesetzlichen Strafen oder moralischer Zwang der öffentlichen Meinung sein. Dieser Grundsatz lautet, daß der einzige Zweck, der Menschen berechtigen kann, einzeln oder vereint die Freiheit anderer zu beschränken, der Selbstschutz ist; daß das einzige Ziel, um dessentwillen rechtmäßig Macht über irgendein Mitglied der menschlichen Gesellschaft ausgeübt werden kann - Macht und Gewalt gegen dessen Willen - das ist, Unheil für andere zu verhüten. Sein eigenes Wohl, das leibliche wie das sittliche, ist kein ausreichender Grund dafür."

Im *ökonomischen* Sinne bestimmen zwei Aspekte einen relativen In-Determinismus: einmal die endliche Zahl der den Individuen offenen objektiven Wahlmöglichkeiten, zum anderen seine individuellen Präferenzen.

In der Theorie der Unternehmung wird das Präferenzsystem identisch mit dem absatzpolitischen Potential des Unternehmens. Die Erzeugung und die Festigung von Präferenzen heißt Marketing, im Rahmen von Präferenzen werden Preispolitik, Produktpolitik, kurz das, was wir den Marketingmix nennen, möglich.

Unter dieser Perspektive kann denn auch gefolgert werden: eine Marktwirtschaft beruht auf der Möglichkeit der Erzeugung individueller Präferenzen. Diese können auch gruppenspezifisch agglomeriert werden: über gruppenspezifische Präferenzlagen. Der Weg geht vom Individuum aus, geht über homogene Gruppen von Individuen zu Marktsegmenten.

Im Sozialismus wird die Willensfreiheit zwar nicht negiert, sie wird jedoch faktisch eliminiert. Die Erziehung des sozialistischen Menschen ist zugleich eine Erziehung zu *kollektiven* Präferenzen, und nur im Rahmen dieser kollektiven Präferenzen entscheidet das Gruppenmitglied innerhalb der ihm zugänglichen objektiven Möglichkeiten. Kollektive Präferenzen werden erzogen, nicht erzeugt. Im Sozialismus ist folgerichtig Marketing, i.e.S. Werbung, systembedingt obsolet. Die Erzeugung individueller Präferenzen würde zur Instabilität des Systems führen.

Von dieser Seite wird die Isolation als bestimmendes Element einer Utopie wesentlich. Nur in einer Isolation, nur in einer Utopie, können kollektive Präferenzen implementiert werden.

Auf diesem Fundament wird die These möglich, daß der real existierende Sozialismus ein Opfer der Kommunikationstechnik geworden ist: die Überwindung der Schranken von Raum und Zeit durch die Kommunikationstechnologie hat die Isolation einer Gesellschaftsform ad absurdum geführt.
Realiter: das kommerzielle Fernsehen des Westens ist ein Instrument von Unternehmen, individuelle Präferenzen (beim Zuschauer) zu erzeugen, die in Kaufentscheidungen münden sollen.

Die objektiven Wahlmöglichkeiten für Kaufentscheidungen sind aber bei Zuschauern außerhalb des marktwirtschaftlichen Wirtschaftsraumes nicht präferenzenidentisch. Daraus entsteht ein, psychologisch gesehen, emotionaler Stau bei dem Zuschauer. Deswegen mußte mit allen zu Gebote stehenden Mitteln versucht werden, das Westfernsehen zu verbieten. Der Sieg der Kommunikationstechnologie über die Isolation war insoweit jedoch vorprogrammiert.

§ 6
Die Rationalität in den Wirtschaftswissenschaften

Aus der Sicht Max Webers war es die protestantische Ethik, die den Geist des Kapitalismus hervorgebracht hat. Joseph Schumpeter, der den Sozialismus als unvermeidlich prophezeit und sich selbst einen Marxisten genannt hat, vertritt in seinem 1942 geschriebenen Buch „Capitalism, Socialism and Democracy" die Ansicht, der Kapitalismus habe zu einer einseitigen Entwicklung der Ratio geführt, alle anderen Anlagen des Menschen seien von dieser Ratio überwuchert worden, der Kapitalismus habe den Geist des rationalen Individualismus geschaffen.

Die Linie wäre damit: protestantische Ethik, Kapitalismus, rationaler Individualismus; eine, wie mir scheint, durchaus interessante Entwicklungsperspektive.

Schumpeter zieht diese Linie jedoch noch weiter, indem er folgert - oder wohl besser: prophezeit -, daß der Geist des rationalen Individualismus alles in Frage stelle, wonach der Mensch auf der Suche nach Glück im Diesseits strebe: Eigentum, Gewinn, alle Werte der Bourgeoisie. Damit zerstöre dieser Geist schließlich die Gesellschaftsform des Kapitalismus; denn der Bürger beginne, an der moralischen Berechtigung seiner Existenz zu zweifeln und werde damit dem Ansturm der antikapitalistischen Kräfte erliegen.

Die Schumpeter'sche Linie wäre also:

Protestantische Ethik führt zum Geist des Kapitalismus. Der Kapitalismus erzeugt den Geist des rationalen Individualismus. Der rationale Individualismus ist dem Ansturm der antikapitalistischen Kräfte nicht gewachsen und führt also zum Sozialismus.

An dieser Stelle verwischen bei Schumpeter die Grenzen zwischen idealtypischer und realtypischer Betrachtungsweise, zwischen reiner Wissenschaft und angewandter Wissenschaft.

In der Theorie der Erklärung wirtschaftlicher Gesetzmäßigkeiten finden wir einen rationalen Individualismus im Sinne Schumpeters. Diesen rationalen Individualismus nennen wir „homo oeconomicus", den rational handelnden Menschen.

Der homo oeconomicus ist eine Denkfigur, die es ermöglicht, operationale Abläufe zu denken; das Wesen ökonomischer Gesetze gründet im rationalen Verhalten.

Denkfiguren sind in der Realität nicht auffindbar. In den angewandten Wirtschaftswissenschaften finden wir daher Individuen, die in ihrem Verhalten durch kollektive oder individuelle Präferenzen geprägt werden: wir haben es mit relativem rationalen Individualismus zu tun.

Insoweit ist diese Anschauung Schumpeters schlicht utopistisch.

Auf welchem Wege auch immer man sich dem Problem einer idealen Vorstellung einer Gesellschaftsform nähern mag: alle Wege führen zu einem spezifischen Bild vom Menschen. Ist dieses Bild kollektivistisch, haben wir es mit einer Utopie zu tun. Ist dieses Bild individualistisch, haben wir es mit einer Vision zu tun.

Am Ende eines Versuches, Utopien zu verwirklichen, steht deren Scheitern „an der Resistenz der sozialen Wirklichkeit"[23)] oder, mit den Worten des sozialistischen Theologen Paul Tillich[24)]:

„Die Fragwürdigkeit der utopischen Geschichtsdeutung

ist in den Entwicklungen des 20. Jahrhunderts deutlich zutage getreten. Die Macht und Wahrheit der utopischen Stoßkraft jedoch hat sich durch den ungeheuren Erfolg auf all den Gebieten erwiesen, in denen das Gesetz des Fortschritts gilt, wie ihn die Renaissance-Utopien vorausgesehen hatten; aber zugleich ist der radikale Widerspruch zwischen diesem Fortschritt und dem Rückschritt in den Bereichen, in denen menschliche Freiheit bestimmend ist, in Erscheinung getreten. Auch in diesen Bereichen jedoch hatten die Utopisten der Renaissance und ihre Nachfolger in den revolutionären Bewertungen der letzten dreihundert Jahre einen Zustand unzweideutiger Erfüllung erwartet. Aber diese Erwartungen wurden zerstört, und eine tiefe Enttäuschung trat an ihre Stelle, wie sie immer nach gebrochenen Utopien eintritt. Eine Geschiche solcher „existentieller Enttäuschungen" in der Neuzeit wäre die Geschichte des Zynismus, der Gleichgültigkeit der Massen, des gespaltenen Bewußtseins der führenden Gruppen, des Fanatismus und der Tyrannei. Existentielle Enttäuschungen erzeugen individuelle und soziale Krankheiten und Katastrophen."

Schlußbemerkungen
§ 7
Auf dem Wege zur Wirtschaftsgesellschaft einer globalen Welt

Natürlich, es ist einfach, am Ende einer Entwicklung den Propheten dieser Entwicklung spielen zu wollen.

Wenn wir jedoch die Bedingungen für die Existenz des realen Sozialismus konkludieren:

- die Notwendigkeit der Isolation
- die Konformität in der Einstellung der Individuen
- die Erziehung des Menschen als Grund und Ursache
- die Abschaffung des Privateigentums an den Produktionsmitteln und die Reduzierung der Geldfunktion im Inland

dann stimmen sie mit den Elementen überein, die das Wesen einer Utopie ausmachen. Dann mußte, wie schon bei Thomas Morus, in der Aufhebung der Isolierung auch das Prinzip des utopischen Staates zerbrechen.

Was also ist die Aufgabe?

Wenn zum konstruktiven Grundelement einer menschen-würdigen Gesellschaft eine Wirtschaftsordnung der freien Entfaltung gehört -

Wenn die soziale Marktwirtschaft offenbar global, weltweit als diese Wirtschaftsordnung angesehen wird -

Wenn die soziale Marktwirtschaft globaliter ohne das Element der Ökologie nicht mehr vorstellbar ist - jedenfalls als Realtypus -;

Dann stehen wir wiederum an dem Punkt, mit dem auch das 1. Vallendarer Gespräch geendet hat:

Wir benötigen ein neues Leitbild einer neuen Gesellschaftstheorie. Dieses Leitbild - wir haben es als sozialökologische Irenik bezeichnet - kann nur durch eine Neuformulierung des Generationenvertrages auf Basis der sozialen und wirtschaftlichen, der gesamtökonomischen Verantwortung gegenüber der nachfolgenden Generation geschaffen werden.

Dafür bedürfen wir einer neuartigen, global-kulturell ausgebildeten und denkenden Elite, die eine innerweltliche Ethik des Verantwortungsbewußtseins gegenüber Gottes Schöpfung lebt.

Fußnoten

1) Richter, E.: Sozialdemokratische Zukunftsbilder (1981), in: Swoboda, H. (Hrsg.): Der Traum vom besten Staat, Texte aus Utopien von Planton bis Morris, 3. Aufl., München 1987, S. 347-377, zit. S. 362 ff
2) Buber, M.: Pfade in Utopia, Darmstadt 1986, S. 30
3) Dahrendorf, R.: Pfade aus Utopia, in: Gesellschaft und Freiheit, gesammelte Aufsätze, München 1961, S. 89
4) Ebenda. S. 98
5) Ebenda, S. 110
6) Ebenda, S. 93 f
7) Swoboda, H.: Einleitung zu den Gesetzen des Platon, a.a.O., S. 12
8) Weber, M.: Die „Objektivität" sozialwissenschaftlicher und sozialpolitischer Erkenntnis, in: Weber, M. (Hrsg.): Gesammelte Aufsätze zur Wissenschaftslehre, Zweite durchgesehene und ergänzte Auflage, Tübingen 1951, S. 191
9) Oncken, H.: Einleitung zu: Thomas Morus, Utopia, Berlin 1922, S. 10
10) Kautsky, K.: Thomas Morus und seine Utopie, Stuttgart 1888
11) Oncken, H.: a.a.O., S. 25
12) Ebenda, S. 26
13) Bultmann, R.: Das Urchristentum im Rahmen der antiken Religionen, Hamburg 1962, S. 193
14) Sartre, J.P.: Marxismus und Existentialismus, Hamburg 1964, S. 30 f.

15) Marx-Engels: Briefe über „Das Kapital", Stuttgart 1953, S. 336
16) Mill, J.S.: On Liberty (1859), dt. Übersetzung von Adolf Grabowsky, Zürich 1945, S. 252 f
17) Morelly: Gesetzbuch der Natur (1773), Text aus: Swoboda, H.: a.a.O., S. 226
18) Kant, I.: Idee einer allgemeinen Geschichte in weltbürgerlicher Absicht, Gesammelte Werke, Insel-Ausgabe 1964, Bd. VI, A 393/394
19) Bloch, E.: Atheismus im Christentum, Hamburg 1970, S. 190
20) Dahrendorf, R.: Demokratie und Sozialstruktur in Deutschland, a.a.O., S. 279
21) Adam, K.: Das Tier im Menschen. Zum Tod des Behavioristen Burrhus Frederic Skinner, FAZ Nr. 193/21.8.1990, S. 25
22) Mill, J.St.: a.a.O., S. 131
23) Dahrendorf, R.: Pfade aus Utopia, a.a.O., S. 283
24) Tillich, P.: Systematische Theologie, Bd. III: Das Leben und der Geist / Die Geschichte und das Reich Gottes, Stuttgart 1966, S. 405

*Shigeyoshi Kawakatsu**

Ethik unternehmerischen Handelns

I.

Heutzutage sind Unternehmen wirtschaftliche Institutionen, in denen sich Kapital und Arbeit nicht mehr im klassischen Sinne des Kapitalismus gegenüberstehen, d.h. konfrontieren, sondern in denen die Ressourcen Arbeit und Kapital durch das Management koordiniert, homogenisiert, und investiert werden, um die unternehmerischen Ziele zu erreichen. Ein Unternehmen ist auch eine menschliche Gemeinschaft und daher auch eine soziale und gesellschaftliche Institution, in der die wirtschaftliche Funktion jedoch den Vorrang hat.

Im Laufe der Zeit verändert diese Gesellschaft ihre Struktur. Die klassische Arbeiterschaft („Blue collar workers“) verringert sich nach und nach durch die Automatisierung der Fertigungsprozesse und den systematischen Einsatz der elektronischen Datenverarbeitung. In gleichem Maße vergrößert sich stetig der Anteil der Angestellten an der Belegschaft. Die Trennung der Persönlichkeit von der Arbeit wird dem heutigen Stellungssuchenden kaum noch möglich sein. Die von der Persön-

* Dr. sc. pd. Shigeyoshi Kawakatsu, ehem. Generaldirektor der Panasonic Deutschland GmbH.

lichkeit eines Menschen unabhängige Arbeit im traditionellen Sinn wurde und wird durch die Maschine und Elektronik ersetzt.

Aufgrund dieser Entwicklung kommt der ethischen Einstellung eines Unternehmers und der dadurch in seinem Betrieb entstehenden Unternehmenskultur eine wachsende Bedeutung zu. Die ethische Haltung und Kultur des Unternehmens wurde und wird von den geschichtlichen, gesellschaftlichen und volks- und betriebswirtschaftlichen Rahmenbedingungen beeinflußt.

Die Rahmenbedingungen können von Land zu Land verschieden sein. In Japan jedenfalls ist der Einfluß geistiger Faktoren, d.h. der Unternehmenskultur, auf das Management der führenden Industrieunternehmen sehr stark. Unterschiede in den Rahmenbedingungen liegen - soweit es sich um die führenden Industrieländer handelt - vorwiegend im gesellschaftlichen und sozialen Bereich. Die volks- und betriebswirtschaftlichen Rahmenbedingungen für japanische, deutsche und amerikanische Unternehmen werden im Zuge der Globalisierung der Weltwirtschaft im wesentlichen gleich sein.

Wenn auch die Rahmenbedingungen ähnlich sind, so nimmt die Unternehmenskultur im Laufe des Verwirklichungsprozesses der Unternehmensziele doch einen ganz individuellen Charakter an.

II.

Nun möchte ich Ihnen einige Erläuterungen über den historischen Hintergrund geben, der das unternehmerische Handeln in Japan indirekt beeinflußt und geprägt hat. Die charakteristischen Merkmale unternehmerischen Verhaltens in Japan sind hierzulande bereits bekannt, wie lebenslange Betriebszugehörigkeit, die Firma als Bestandteil der Lebensgemeinschaft, das ausgesprochene Qualitäts- und Ordnungsbewußtsein bezüglich Produkt und Arbeitsplatz, das Konsensus-Prinzip bei der Entscheidungsfindung, andererseits: Die Firma als Platz für die Selbstverwirklichung des einzelnen Mitarbeiters.

Die Erklärung für diese Charakteristika läßt sich nur zum Teil in der japanischen Geschichte finden. Viele westliche Beobachter möchten glauben, daß in Japan durch seine lange Geschichte und Tradition eine Art Volksethik entstanden ist, die in der japanischen Seele tief verankert ist. Man sucht in ihr die Wurzeln für die „geheimnisvolle" Verhaltensweise, die den japanischen Wirtschaftserfolg nach dem zweiten Weltkrieg ermöglicht hat. Ich muß diese Ansicht widerlegen.

Mit Ausnahme des animistischen Shintoismus gab und gibt es in Japan keine Religion, die japanischen Ursprungs ist. Alle religiösen oder ideologischen Keime kamen aus dem Ausland. Die Insellage und die Entfernung von den kontinentalen Kultur- und Zivilisationskreisen verhinderten das Eindringen und die Entwicklung einer global verbreiteten ethischen Grundlage wie die des Christentums. Wenn man die Seele des Japaners unter die Lupe nimmt, findet man in ihr viele fremde Einflüsse, die er assimiliert und denen er einen japanspezifischen Inhalt gegeben hat.

Den drei wichtigsten Grundlagen deutschen Unternehmertums könnte man meines Erachtens die folgenden geistigen Elemente japanischen Unternehmertums gegenüberstellen:

1) Christentum versus Buddhismus und Konfuzianismus
2) Preußentum versus Samuraitum
3) Eine staatlich verankerte soziale Marktwirtschaft gegenüber einer auf Unternehmensverantwortung basierenden Marktwirtschaft.

Zu Punkt 1:

Der Buddhismus glaubt an die Fähigkeit des Menschen zur Auflösung und Befreiung des eigenen Ichs.

Im 13. Jh. fand jedoch eine Art buddhistischer Reformation statt durch den Priester Shinran. Die von ihm gegründete Sekte „Jodo-Shinshu" hat gewisse Ähnlichkeit mit dem Protestantismus. Nach Shinrans Glauben hat Amidabutsu eine ähnliche Stellung wie der christliche Gott. Er verkörpert Liebe und Gnade. So vermag sich der Mensch allein durch ein Dankgebet von seinen irdischen Leiden zu erlösen und wird in einem befreiten Land wiedergeboren werden.

Trotz der bekannten kollektiven Verhaltensweise, wie bei dem Konsensbildungsprozess, ist heutzutage eine gewisse Gemeinsamkeit mit dem westlichen Individualismus und dem protestantischen Gedankengut in den japanischen Unternehmen festzustellen. Die außergewöhnlich anmutende Verbindung von kollektivem Verhalten und individueller Selbsterfüllung ist auch auf buddhistischen Einfluß zurückzuführen.

Der Konfuzianismus ist zwar weniger ausgeprägt in der japanischen Denkweise, doch das starke Ordnungsbewußtsein der Japaner, insbesondere in Bezug auf Familie und Gesellschaft, hat im Konfuzianismus seine

Wurzeln. Die in den japanischen Firmen so wichtige hierarchische Ordnung - President, Vice President, Senior Managing Director, Managing Director und Director - ist dafür ein typisches Beispiel und besonders in den mittelständischen Unternehmen sehr ausgeprägt.

Zu Punkt 2:

Man sagt hierzulande, die Japaner seien die Preußen des Ostens. Dies läßt sich nicht ganz verneinen. Das japanische Samuraitum ist jedoch sehr viel früher als das Preußentum entstanden, nämlich im 13. Jh. Sein Fundament war die Bürgerwehr. Dem Gemeinwohl dienend, wurde ihr der Samurai-Status als gesellschaftliche Stellung verliehen. Demzufolge entwickelte es sich auf einer viel breiteren Basis als das abendländische Rittertum. Diese breite Basis - ca. 7 % der Bevölkerung - erklärt, warum sich die abstrakten Tugenden der Samurais in der japanischen Gesellschaft so tiefgreifend durchsetzen konnten.

Treue zum Feudalherren, Dienst an der Allgemeinheit, Verzicht auf persönliche Interessen bis hin zur Opferbereitschaft für Familie und Obrigkeit sind Werte, wie man sie heute noch allgemein wiederfindet. Die Samurais bildeten die oberste Schicht der Gesellschaft. Ihr folgten die Bauern, die Handwerker und an unterster Stelle die Händler. Diese strenge Gesellschaftsstruktur hat sich über Jahrhunderte gehalten; ein Beweis für die gesellschaftliche Stärke und Dominanz des Samuraistandes.

Viele Japaner identifizieren ihren Dienst im Unternehmen mit einem Beitrag, den sie der Gesellschaft leisten.

Ein großer Teil der moralisch-klingenden Unternehmensphilosophien in Japan finden ihre Erklärung in diesem Hintergrund.

III.

Anhand unseres Unternehmens, der Matsushita Electric Industrial Co., Ltd., möchte ich Ihnen nunmehr ein konkretes Beispiel für ethisches unternehmerisches Handeln geben.

Ich darf Ihnen zunächst kurz das Unternehmen vorstellen:

Matsushita Electric ist der größte japanische Hersteller von technisch hochentwickelten Unterhaltungs-, Haushalts-, Industrie- und Büroelektronik-Produkten. In über 140 Fabriken wird auf höchstem technischen Standard produziert, davon in 66 Fertigungsstätten außerhalb Japans. In mehr als 130 Ländern der Welt werden Matsushita Produkte unter den Markennamen Panasonic, Technics, National und Quasar verkauft. Mehr als 165.000 Mitarbeiter sorgen weltweit für den Erfolg des Unternehmens.

Dieser große Konzern ist auch heute noch stark geprägt von seinem Gründer Konosuke Matsushita. In seiner Entwicklung zum Unternehmer hat ethisches und philosophisches Gedankengut stets eine große Rolle gespielt, das bis zum heutigen Tag lebendig geblieben ist. Nachdem Konosuke Matsushita dank außerordentlicher Ideen und Taten sein Unternehmen durch mehrere schwere Krisenzeiten, wie z.B. die Weltwirtschaftskrise 1929, geführt hatte, empfand er sein Leben nicht mehr als ausgefüllt.

Unter Konosukes Kunden war zu jener Zeit ein Mann, der wiederholt erklärte, das einzige, was Konosuke fehle, sei eine Religion. Zwar sei Matsushita erfolgreich, doch könnte die Firma noch erfolgreicher sein, wenn er eine Religion hätte. Mehrmals forderte er Konsosuke mit hartnäckiger Begeisterung auf, sein religiöses Zentrum zu besuchen, so daß Konosuke schließlich einwilligte.

Also besuchte Konosuke das religiöse Zentrum dieses Mannes und war sehr beeindruckt von der Pracht der Anlage und der großen Anzahl von Menschen, die zur Andacht dort versammelt waren. Die riesigen Gebäude waren aus Holz, das die Gläubigen gespendet hatten. Das Verhalten der Gläubigen war bescheiden und ehrfurchtsvoll. Die Art des Unterrichts an der Sonntagsschule zog lernbegierige Schüler an. Hier sah man ganz offensichtlich eine Schar von engagierten Menschen, die Erfüllung fanden in der Tätigkeit, die sie dort ausübten. Sie waren darauf bedacht, sich nicht allein für ihr eigenes Glück zu bemühen, sondern auch für das Glück anderer.

Konosuke bewunderte die Zufriedenheit und Fairness, mit der die Menschen dieser Gemeinschaft zusammenarbeiteten. Er verglich das, was er sah, mit seinem Betrieb.

In diesem Tempel hatte nicht eine spezifische Aufgabe bzw. ein konkretes Ziel die Menschen zusammengeführt. Hingegen bei Matsushita gab es ein Ziel, das darin bestand, Produkte herzustellen und zu vertreiben, die benötigt und geschätzt wurden von vielen Menschen. Folglich müßte das Interesse an der Arbeit in seinem Betrieb größer sein. Hier wurde kein Preis oder Lohn für eine Leistung gefordert. Bei Matsushita wurden Produkte zu vernünftigen Kosten hergestellt, ein angemessener Gewinn hinzugefügt, womit die Leistung der Mitarbeiter honoriert wurde, und die Waren anschließend zu einem entsprechenden Preis verkauft. Insofern hätten die Mitarbeiter bei ihrer Arbeit glücklicher sein müssen als sie es tatsächlich waren. Konosuke begriff plötzlich, daß der Unterschied zwischen dieser Religionsgemeinschaft und seinem Betrieb in der Einstellung der Mitarbeiter gegenüber ihrer Aufgabe lag. Den Gläubigen gab die Aufgabe, anderen Menschen zu helfen, höchste Freude und Lebenskraft. Die Angestellten von Matsushita konnten nur danach streben, ihre Kundschaft nach besten Kräften zu bedienen und zufriedenzustellen.

Seine Überlegungen führten ihn schließlich zu der Erkenntnis, daß die Aufgabe eines Herstellers nicht minder nobel ist als die Religion. Ihm war klar geworden, daß die Aufgabe eines Industriellen darin bestehen muß, die Menschen von der Armut zu befreien und zum allgemeinen Wohl der Gesellschaft beizutragen. Armut ist gefährlicher für das Leben der Menschen als jegliche Krankheit. Die Armut auszumerzen und zur Verbesserung des Lebens der Menschen beizutragen war demnach die heiligste Mission, die man unternehmen konnte. Für die Verwirklichung dieser Mission prägte Konosuke das Wort MEICHI.

Den Mitarbeitern erläuterte er seinen 250-Jahres-Plan für die Verwirklichung von MEICHI folgendermaßen:

„Leitungswasser in unseren Städten ist ein aufbereitetes Produkt mit einem Wert. Wenn jemand etwas Wertvolles stiehlt, ist es selbstverständlich, daß er dafür bestraft wird. Jedoch, wenn jemand an einem heißen Nachmittag spazieren geht und etwas Wasser von einem Wasserhahn auf der Straße nimmt, um seinen Durst zu stillen, käme niemand auf die Idee, ihn wegen Diebstahls zu bestrafen. Er könnte höchstens einen Verweis erhalten wegen schlechten Benehmens. Warum? Weil das Leitungswasser so billig ist. Und warum ist das Leitungswasser so billig? Weil es in so großen Mengen verarbeitet wird, daß es in fast unbegrenztem Maße zur Verfügung steht. Hierin besteht die wahre Aufgabe eines Industriellen: Nämlich Produkte in so reichhaltigem Maße wie Leitungswasser herzustellen, damit sie zu ebenso niedrigen Preisen angeboten und somit allen Menschen zugänglich gemacht werden können. Nur auf diese Weise kann man die Armut überwinden.

Wenn geistige Zufriedenheit und unbegrenzte materielle Versorgung im Einklang sind, ist ein gesichertes Lebensglück gewährleistet. Den Aufbau einer glücklichen Gesellschaft durch die Herstellung von Produkten in unbegrenztem Maße betrachte ich als die wahre Aufgabe für Matsushita Electric.

Um dies zu erreichen, werden wir heute ein Epoche beginnen, die einen Zeitraum von 250 Jahren umspannt. Wir wollen versuchen, in dieser Zeitspanne unser Ziel zu verwirklichen. Laßt uns diese 250 Jahre in 10 Phasen von je 25 Jahren aufteilen. Die ersten 10 Jahre einer solchen Phase sollen dem Aufbau unseres Unternehmens gewidmet werden.

In den folgenden 10 Jahren soll neben der Aufbauarbeit eine rege Handelstätigkeit erbracht werden. In den letzten 5 Jahren soll neben Aufbau- und Handelsaktivität ein Beitrag zur Verbesserung der Gesellschaft geleistet werden.

Wir befinden uns jetzt in der ersten Aktivitätsphase

der ersten 25-Jahr-Periode. Im zweiten 25-Jahr-Zyklus soll die nächste Generation diese Anstrengung wiederholen, dann die nächste und die nächste, so daß wir nach Ablauf der 250 Jahre die Erfüllung unseres Zieles im Wohlstand und Wohlergehen aller Nationen widergespiegelt sehen.

Zu der Zeit werden die künftigen Generationen ihre eigenen Zukunftspläne schmieden, basierend auf den ursprünglichen, von uns vererbten Plänen. Unsere Mission ist daher nicht nur für uns wichtig, sondern auch für unsere Nachfolger. Wir sind diejenigen, die ab heute, in diesem Moment, die Verantwortung für die Durchführung unseres weitsichtigen Vorhabens tragen.

Meine Damen und Herren, Sie sind durch eine Fügung des Schicksals bei uns tätig. Ich möchte Sie bitten, sich unserer Aufgabe bewußt zu werden und mit Freude und Verantwortungsgefühl an die Ausführung heranzugehen. Wenn Sie dieses Verantwortungsgefühl nicht empfinden, muß ich leider sagen, daß Sie an dieser Aufgabe nicht teilnehmen können.

Ist auch Ihre Zahl klein, wenn Sie sich Ihrer neuen Verantwortung bewußt sind und in starker Gemeinsamkeit an die Ausführung schreiben, werden Sie eine beglückende Erfüllung darin finden."

Mit diesen Worten beendete Konosuke seine Rede.

Meine Damen und Herren, haben Sie nicht eben das Gefühl gehabt, als hätte mit dieser Erläuterung von MEICHI ein Missionar sein Sendungsbewußtsein zum Ausdruck gebracht?

Im Jahre 1934 wurden Morgenversammlungen mit einer kurzen Einführung von Konosuke angesetzt. Diese Gespräche gaben ihm die Gelegenheit, nicht nur die

Mitarbeiter anzuweisen, sondern auch den eigenen Glauben in die gewonnenen Erkenntnisse neu zu bestärken. Morgenversammlungen in Betrieben waren damals eine seltene Sache. Nichtsdestoweniger wurden sie bei Matsushita täglich gehalten und werden sie auch heute noch im ganzen Unternehmen durchgeführt.

Die Unternehmensziele, die Konosuke für Matsushita Electric formuliert hatte, werden bei diesen Morgenversammlungen gelesen. Die damals bestehenden fünf Leitsätze lauteten:

1. Dienst an der Nation durch industrielle Tätigkeit
2. Fairness und Gerechtigkeit
3. Harmonie und Zusammenarbeit
4. Streben nach Vervollkommnung
5. Respekt und Bescheidenheit

Zwei weitere Leitsätze wurde 1937 hinzugefügt:

6. Anpassen und Annehmen
7. Dankbarkeit

So entstanden die heute noch geltenden Sieben Leitsätze von Matsushita.

Am 5. Mai 1983, dem 65. Gründungstag von Matsushita Electronic sprach der Firmengründer:

„Unser Unternehmensschiff segelt unter vollem Wind auf erfolgreichem Kurs. Doch unsere Umwelt und unser Industriebereich befinden sich in einer Phase radikaler Veränderungen. Die Produkte, die seit einiger Zeit auf den Markt gebracht werden, unterscheiden sich wesentlich von den konventionellen Geräten, die wir seit vielen Jahren hergestellt haben. Unser Unternehmen darf morgen nicht wie das von heute sein. Wir müssen unsere geschäftspolitischen Überlegungen den Veränderungen anpassen. Die Produkte, die ich früher auf den Markt brachte, waren nicht das Ergebnis meiner eigenen Ideen und Fantasie, sondern die in Produkte umgesetzten Wünsche und Forderungen der Händler und Konsumenten. Wenn eine Firma groß geworden ist, neigt sie jedoch - wenn auch vielleicht unbewußt - dazu, der Stimme des Verbrauchers und Händlers nicht mehr die notwendige Beachtung zu schenken und Produkte nach ihrer eigenen Vorstellung zu entwickeln. Aber gerade in dieser schnellebigen und veränderlichen Zeit müssen wir unbedingt auf die Stimme des Marktes und der Händler hören und uns von ihr neue Richtungen weisen lassen."

Er wiederholte dann seine frühere Mahnung an die Mitarbeiter:

„Nie dürfen wir vergessen, daß Matsushita Electric als ein kleines Familienunternehmen begann. Die Tatsache, in Bescheidenheit klein angefangen zu sein, macht einen wesentlichen Teil aus sowohl der Geschichte unseres Unternehmens als auch ihrer Auffassung von der Tätigkeit eines Kaufmanns. Ungeachtet der Größe, die das Unternehmen in der Zukunft erreichen wird, vergeßt nie, daß wir ein bescheidener Kaufmann sind. Auch Ihr, die Angestellten, seid wie ein Mitarbeiter eines kleinen Geschäftes. Wir müssen zu jeder Zeit unsere Arbeit in einem Geist der Höflichkeit und Bescheidenheit verrichten."

Herr Yamashita, der damalige Präsident des Konzerns, stellte dazu fest: „Mit dem Wachstum stellen sich Schwächen ein. Ein kräftiger Baum, dessen Laubdach im Laufe der Zeit so dicht und üppig geworden ist, daß Wind und Sonne es nicht mehr durchdringen können, wird von Insekten befallen. So kann es auch einem Unternehmen ergehen. Es gibt genügend Beispiele dafür, daß große, traditionsreiche Firmen durch zunehmenden Mangel an Flexibilität und Vitalität zugrundegingen. Je größer ein Unternehmen wird, desto wichtiger werden Selbstkritik und die Erneuerung von innen heraus. Durch kontinuierliche Selbstbetrachtung erhält sich ein Unternehmen seine Vitalität und Regenerationskraft."

Er sagte weiter:

„Unser Lebenszweck ist es, eine Passion zu finden. Der Wert meines Lebens ist daran zu messen, wie viele Male mir dies gelungen ist. Ich werde die Führungskräfte unserer Organisation kraft meiner Persönlichkeit für mein Ziel begeistern. Diese wiederum werden ihre Begeisterung auf ihre Mitarbeiter übertragen. Meine Führungsbefähigung besteht in dieser meiner Fähigkeit, die Mitarbeiter zu motivieren und für ein hohes Ziel zu begeistern."

Konosuke Matsushita starb im vergangenen Jahr im Alter von 94 Jahren. Mit 65 Jahren war er aus dem aktiven Geschäftsleben ausgeschieden, nicht ohne eine reibungslose Übertragung der Konzernführung zu gewährleisten. Der Inhalt seiner zahlreichen Essays und Bücher wurde von seinem umfassenden Menschen- und Weltbild bestimmt, das als zutiefst humanistisch bezeichnet werden kann. Konosuke Matsushitas Interesse an den Menschen, an der Zukunft der Menschen, war es, die ihn als Förderer von Wissenschaft, Kunst, Kultur und Völkerverständigung aktiv werden ließ. Mit dem von ihm initiierten „Japan Preis" werden wissenschaftliche Leistungen ausgezeichnet. In der Zeitschrift „INTERSECT" des von ihm gegründeten PHP-Instituts kommen unterschiedlichste Autoren zu Wort, die an der friedlichen Gestaltung der Welt Interesse zeigen. An der von ihm ins Leben gerufenen „School of Government and Management" werden junge Studenten gezielt auf die Erfordernisse des 21. Jahrhunderts vorbereitet. Mit der „Matsushita International Foundation" leistet er einen direkten Beitrag zur Völkerverständigung - auch in der Zukunft.

Wie das missionarische Bewußtsein des Firmengründers im Management und in der Belegschaft fortgeführt wird, möchte ich anhand der innerbetrieblichen, im Jahre 1986 durchgeführten „Aktion 86" darstellen.

Der damalige Vize-Präsident und jetzige Konzernpräsident, Akio Tanii, der die gesamte Aktion leitete, bemühte sich, die Aktion den Mitarbeitern folgendermaßen verständlich zu machen:

„Es handelt sich bei der „Aktion 86" nicht um eine Verbesserung der Unternehmensstruktur, sondern um eine Stärkung und Reform derselben. Zunächst bedarf es einer Bewußtseinsreform. Die Bewußtseinsreform führt zur Einstellungsveränderung, diese zur Verhaltensänderung. Dadurch ergibt sich eine Persönlichkeitsveränderung und schließlich eine Veränderung des Lebens und Schicksals. Alle diese Veränderungen hängen vom Willen des Menschen ab. Der Kernpunkt der „Aktion 86" ist die Erneuerung unseres Bewußtseins und unseres Verhaltens gegenüber unserer Aufgabe."

Abschließend möchte ich auf eine weitere innerbetriebliche Kampagne hinweisen, durch die der Geist des Gründers in das nächste Jahrhundert fortbestehen soll. Das Ziel dieser Kampagne mit dem Namen „21. Jahrhundert" ist es, durch unsere industrielle Tätigkeit letztlich zum kulturellen und gesellschaftlichen Fortschritt auch im Ausland beizutragen. Diese unerschöpfliche Treibkraft unseres Unternehmens ist nichts anderes als der Ausdruck des ethischen und missionarischen Bewußtseins unseres Firmengründers und der Mitarbeiter.

Im japanischen Unternehmens- und Industrieumfeld findet man kulturelle, zivilisatorische und religionssoziologische Elemente, die ihren Ursprung im Abendland haben. Dies erklärt sich aus der Faszination der Japaner für das abendländische Kulturgut, welches sie aufzunehmen versuchten. Die Gegensätze zwischen Kapital und Arbeit einerseits und Technologie und Menschlichkeit andererseits kamen in Japan jedoch nicht zum Tragen, weil der Eintritt in das Industriezeitalter viel später erfolgte als in Europa. So haben marxistisch-ideologische Auffassungen in unserem Volk keinen breiten Raum gefunden.

*Christian Seidel**

Zur Bedeutung des politischen Wandels für Unternehmensentscheidungen und Unternehmenskultur

I. Vorbemerkung

Im Sommerurlaub hatte ich mich daran gemacht, mit der Ausarbeitung des Vortrages für die heutige Veranstaltung zu beginnen. Es schwebte mir vor einige Gedanken zu formulieren, die sich mit den Problemen und Anforderungen auseinandersetzen, mit denen Unternehmen konfrontiert werden, die in Ländern unterschiedlicher Kulturkreise und in Staaten mit verschiedenen politischen Systemen tätig sind. Ich wollte mich damit beschäftigen, wie Mitarbeiter, die durch ihr Herkommen in besonderer Weise geprägt sind, in einem multinationalen Unternehmen integriert werden können. Welche Konsequenz würde das auf Unternehmensentscheidungen haben?

Doch es kam anders. Die aktuellen Ereignisse überholten mich. Immer stärker forderte mich die Situation in der DDR. Immer konkreter wurden die Probleme, mit denen ich durch das Engagement meiner Bank im östli-

* Dr. Christian Seidel, Mitglied des Vorstandes der Dresdner Bank AG.

chen Teil Deutschlands befaßt wurde. Als Bank, die den Namen Dresdner Bank trägt, hat mein Haus hier eine besondere Aufgabe gesehen.

Wie Sie wissen, bin ich Mitglied des Vorstandes der Dresdner Bank und in dieser Eigenschaft auch für das Personal zuständig. Im Rahmen des joint venture Dresdner Bank Kreditbank beschäftigen wir zur Zeit 3.500 Mitarbeiter aus der DDR. 1.000 weitere Mitarbeiter aus der Bundesrepublik sind in die DDR delegiert. Die Dresdner Bank Kreditbank und die Dresdner Bank betreiben zur Zeit 107 Filialen, von denen 35 seit dem 1. Juli dieses Jahres aufgebaut wurden. Gerade komme ich von einer mehrtägigen Reise durch viele Städte der DDR zurück.

So ist es verständlich, daß die ursprünglich gewählte Thematik meines Vortrages immer mehr in den Hintergrund trat. Die Auseinandersetzung mit den konkreten Aufgaben schob sich in den Vordergrund und bestimmte meine Gedanken. Sie kreisten immer mehr um die Frage, wie und unter welchen Bedingungen etabliert sich ein Unternehmen in der DDR.

Aus meiner Aufgabenstellung heraus standen dabei die Fragen der Unternehmenskultur im Vordergrund.

Meine Überlegungen wurden immer grundsätzlicher, da mir bewußt wurde, daß durch die Ereignisse in der DDR auch die Grundsätze auf den Prüfstand gestellt werden, die wir in unserer Gesellschaft vertreten.

Die Feststellung, die Werte der Demokratie und der sozialen Marktwirtschaft hätten gesiegt und damit sei ihre Überlegenheit bewiesen, kann nicht befriedigen. Werte werden durch Handlungen verdeutlicht. An unseren Handlungen werden wir gemessen werden. Von ihnen wird es abhängen, wie sich die Dinge entwickeln.

Das, was es in diesem Zusammenhang zu bedenken gilt, gewinnt damit grundsätzliche Bedeutung. Ein Unternehmen, ein Manager muß sich dessen bei der Entscheidungsfindung bewußt sein.

Lassen Sie mich diese Gedankensplitter und Beobachtungen deshalb gerade am heutigen Tage vortragen.

II. Zum gesellschaftlichen Wandel

Ein eruptiver und fundamentaler Wandel in der Staats- und Gesellschaftsverfassung eines Landes, wie wir ihn in der Jetzt-Nicht-Mehr DDR erlebt haben, berührt und beschäftigt alle Bürger - ob als Wähler, Arbeitgeber, Arbeitnehmer, Verbraucher, Investoren, Kreditnehmer, oder als Kreditgeber.

Ein solcher Prozeß betrifft aber nicht alleine die politischen und wirtschaftlichen Lebensbedingungen der Menschen, sondern in ganz besonderem Maße ihre Denkhaltung und ihre ethischen Normen.

Mit dem heutigen Tag des Beitritts der DDR zur Bundesrepublik Deutschland ist zwar der formale Schritt zu einer einheitlichen Staats- und Wirtschaftsverfassung vollzogen. Die inhaltliche Ausgestaltung liegt jedoch vor uns.

Die Diskussion um den Vereinigungsprozeß der beiden deutschen Staaten scheint sich zu einer rein rechenhaften Kosten - Nutzen - Kalkulation zu entwickeln. Das kann nicht sein. Geld, Kredit, Gewinne, Steuern, materielle Güter und Dienstleistungen sind wichtig - aber nicht nur.

Demokratie und Marktwirtschaft geschehen für Menschen und durch Menschen.
Der Mensch und nicht vorwiegend das Materielle ist in den Mittelpunkt der Erörterungen und Ziele zu stellen.

Nun ist die Frage nach dem, was der Mensch bedarf und die Frage nach dem Wesen des Menschen so alt wie die Menschheit selbst. Sie stellt sich aber in Zeiten des Umbruchs besonders drängend und fordernd.
Dem kann sich niemand entziehen, wenn er verantwortungsbewußt entscheiden und handeln will, weder der Politiker noch der Manager.

Wollen wir etwas über die Bedeutung des sich vollziehenden Wandels erfahren, müssen wir über den Menschen nachdenken, weil es Menschen und ihre Ideen sind, die einen Wandel anstoßen und bewegen.

Wer also sind sie? Was denken sie? Was wollen sie? Was tun sie?

Wenn wir Eigeninitiative als hohen Wert vertreten, stellen sich uns sofort die Fragen nach dem wozu? und wie? Sprechen wir von Leistungswillen, Risikofreudigkeit, Unternehmensgeist, dann tauchen die gleichen Fragen auf.

Diese Fragen werden wir jetzt und heute nicht beantworten können, wenn es überhaupt eindeutige Antworten gibt. Wichtig aber ist den diskursiven Prozeß anzustoßen, aus dem Klarheit und Einvernehmen über gemeinsame Anschauungen entsteht. Seit Sokrates ist der Dialog der Weg zur Klarheit über Anschauungen.

Einer der Kernsätze von Karl Marx lautet: Das Sein bestimmt das Bewußtsein.
Wenn Marx dem Menschen über eine reichhaltige Ausstattung seines materiellen Seins zu einem höheren Be-

wußtsein verhelfen wollte, dann ist dieses Experiment gescheitert. Der real existierende Sozialismus hat dem Menschen weder zu einem höheren Bewußtsein verholfen, geschweige denn sein materielles Sein bereichert.

Aber ist nicht die Frage, was das Bewußtsein mit dem Sein verknüpft, auch bei uns virulent? Sie ist keineswegs geklärt. Georg Gadamer sagt: „Ich möchte so gerne wissen, was Bewußtsein ist ..." und er schließt in seine Frage sogar noch die Sprache mit ein.
Alleine aus diesem Grund sollten wir als selbsternannte oder anerkannte Botschafter von Demokratie und Markt etwas zurückhaltender und vorsichtiger damit sein, unsere Vorstellungswelt Andersdenkenden rasch und kompromißlos aufnötigen zu wollen.

Menschen, die die Freiheit suchen, die sie Menschen sein läßt, begegnen heute Menschen, die diese Freiheit vielleicht aus dem Auge verloren haben und Freiheit in der Potenzierung des Materiellen sehen.

Wollen wir den Wandel in der geistigen Verfassung unserer neuen Mitbürger unterstützen, dann gehört von unserer Seite aus dazu vor allem ein hohes Maß an Selbsterkenntnis. Wir müssen uns in unseren Handlungen beobachten und unter Umständen Selbstkritik üben. Wir müssen ehrlich sein und dann unseren neuen Mitbürgern mit Takt und Toleranz gegenübertreten.

Nur wenn wir diese Werte üben, können wir die Unsicherheit und Ungewißheit abbauen. Nur dann können wir bei der Neuorientierung helfen.

Erst langsam beginnt sich in der DDR die psychische Spannung zu lösen, die zu den schweigenden Demonstrationen des vergangenen Jahres geführt hat. Die Angst es könnte doch noch Gewalt entstehen, doch noch ein Schuß krachen, ist noch nicht vergangen. Die Furcht, es könnte alles vergebens gewesen sein, besteht.

Ratlos stehen diese Menschen vor anderen Menschen, die ausschließlich das Primat des Umsatzes und des Gewinnes zu vertreten scheinen.

Verstehen Sie mich nicht falsch. Ich will kein Moralapostel sein. Die Befriedigung des materiellen Lebensstandarts gehört unabdingbar zur Lebensqualität. Aber wir sollten aufmerksam vermerken: der Kaufrausch in der DDR ist ausgeblieben. Der Wunsch nach mehr Komfort und die Freude an einem gewissen Luxus, der sich in einem Auto ausdrückt, ist nach Jahren des Verzichts verständlich.

Die materiellen Probleme die auf uns alle zukommen, scheinen unüberwindbar. Sie sind lösbar, wenn wir an sie mit der richtigen Einstellung und nüchtern herangehen.

Wir, die wir seit 45 Jahren mit einer Demokratie und einer Marktwirtschaft vertraut sind und damit leben, sollten ein hohes Maß an Verständnis und Einfühlungsvermögen für die Sorgen unserer neuen Mitbürger haben.

Diesen Schwierigkeiten stehen ja andererseits auch Hoffnung, Entschlossenheit und Mut gegenüber.

Die Bewältigung des Wandels von der bisher erlebten Ein-Parteien-Vorherrschaft zur Mehr-Parteien-Herrschaft westlichen Musters erfordert umfassend Information; sie muß sachlich und realistisch sein.

Die neuen Mitbürger sehen doch, daß es zur Wirklichkeit auch unserer Gesellschaft gehört, daß es neben echter Freiheit auch Zügellosigkeit, neben echtem Wohlstand auch Armut, neben echten Gewinnen auch

Scheingewinne, neben wertvollem Geld auch Falschgeld gibt.

Sie lesen in der Zeitung: „In den USA geht die Angst vor einer schweren Krise im Bankenbereich um."
Oder: „Das einzig Sichere an den Finanzmärkten ist zur Zeit die Unsicherheit:"
Hatten die Kommunisten vielleicht doch recht, wenn sie immer wieder die Krise des Kapitalismus und die Segnungen des Sozialismus beschworen?

Wenn die Einheitspartei das falsche Paradies vom Arbeiter-Bauernstaat verkündet hat, dann sollten auch wir keine Traumwelt malen.

Um die Menschen auch und gerade auf wirtschaftlichem Gebiet zur Gestaltungsfreude zu motivieren gehört vor allem, daß man ihnen die realistische Aussicht zeigt, sich nach einem schmerzlichen Umstellungsprozeß, dann solche Güter und Dienstleistungen aus der Fülle des Angebotes erwerben zu können, die der einzelne Mensch erwerben möchte und will und nicht solche, die er kaufen muß, weil keine anderen da sind.

Einer der zentralen Vorzüge von Demokratie und Marktwirtschaft liegt ja gerade darin, daß der Wähler oder der Konsument nicht vorgeschrieben bekommt, wen er wählen oder was er konsumieren soll und muß. Diese Freiheit bedeutet Verantwortung. Zum verantwortungsbewußten Erwerb und zur gewissenhaften Verwendung und Verwaltung materieller Güter und Dienstleistungen gehört, daß dadurch keine geistigen Engpaß-Situationen entstehen.

Wir müssen sachlich informieren, aber gleichzeitig die hohen Ideale der Demokratie inhaltlich erklären.

Deswegen sollten wir daran festhalten, daß Reichtum

nicht nur Geldbesitz bedeutet. Wohlstand bedeutet nicht nur Güter in Hülle und Fülle. Werte bedeuten eben nicht nur Geldwerte.

Weit entfernt eine biedermeierliche Idylle zu entwerfen möchte ich Begriffe nennen wie: Zufriedenheit, Bescheidenheit, Anerkennung. Sie alleine reichen schon aus um eine Gegenposition zu beziehen.

Wenn nachdenkliche Zeitgenossen danach fragen, was wir von unseren Mitbürgern möglicherweise lernen können, dann ist es vielleicht dies: den wahren Inhalt der Werte wieder zu begreifen.
Sie haben ihre Bedeutung unter dem äußeren Druck kennen gelernt, und mit viel Verzicht bewahrt.

Hohe Ideale und ihr Wert sind nicht dazu da, um an ihnen zu scheitern, sondern um sich an ihnen zu prüfen und zu orientieren. Es ist ein wesentlicher Unterschied, ob man einen idealen Wert von zugleich praktischer Bedeutung über Bord wirft, weil man ihn nicht überall und immer verwirklichen kann, oder ob man sich ernsthaft darum bemüht, ihn mit Inhalt zu erfüllen.

III. Zur Bedeutung des Wandels für Unternehmensentscheidung und Unternehmenskultur

1. Unternehmensentscheidungen

Es stellt sich die Frage, wie das Scheidewasser des Umbruchs sich auf das Verhalten von Unternehmen und ihre Kultur auswirken? Wie bewegt sich ein Unternehmen in einem schwankenden Umfeld, so wie ich es zu schildern versuchte. Geht es ohne besondere Reflektion in einen neuen, in wesentlichen Teilen unerschlossenen Markt? Bisher eingebettet in einer etablierten Ordnung, der Marktwirtschaft, mit ihren demokratischen Kontrollmechanismen. Jetzt aber engagiert in einem ungeordneten und unorganisierten Markt.

Hier kann nicht der schnell gewonnene Marktanteil die einzige Handlungsmaxime sein.

Die Kultur eines Unternehmens wird, wie die Werte einer Gesellschaft, in diesem Umfeld ebenfalls auf die Probe gestellt. Die Entscheidungen gewinnen eine neue Dimension.

Unternehmenskultur ist ein Derivat, eine Subkultur eines Landes, einer Nation. Sie wird gestaltet von den Menschen, die in einem Unternehmen wirken und sie ist bestimmt von den Wertkategorien, die sie in der Gesellschaft erfahren und erleben.

Werte - so habe ich gesagt - werden im Handeln verdeutlicht. Unternehmenskultur ist immer handlungsgeprägt. Sie entspringt operativen und moralischen Handlungsquellen, entwickelt sich aus Tradition und gestaltet das Heute, mutiert als dynamisches Phänomen in die Zukunft.

Unternehmen, Manager sind in einer Phase gesellschaftlichen Wandels in besonderem Maße Handelnde. Sie haben damit eine besondere Verantwortung zu tragen, denn an ihren Entscheidungen wird die Substanz unserer Wirtschafts- und Gesellschaftsordnung sehr schnell deutlich. Deren Tragfähigkeit wird am Verhalten der Genannten beurteilt.

Wird damit einem Unternehmen aber nicht eine Verantwortung zugemessen, die zu groß ist? Wird dem

Unternehmen eine Rolle zugemessen, der es nicht gewachsen ist? Auch die Frage nach der Stellung eines Unternehmens in der Gesellschaft stellt sich in dieser Umbruchphase wiederum sehr deutlich.

Ein Wirtschaftsunternehmen ist in einer Gesellschaft keine zum eigenen Zwecke existierende Einheit. Es ist in einem doppelten Sinne Teil einer Gesellschaft: Die Gesellschaft sollte durch das Unternehmen einen Nutzen haben, wie umgekehrt auch das Unternehmen durch die Gesellschaft einen Gewinn haben sollte.

Ein Teil der Gesellschaft ist ohne die anderen Teile und die Gesamtgesellschaft nichts, wie umgekehrt einer Gesellschaft oder Teilen der Gesellschaft durch den Ausfall eines Teiles der Gesellschaft etwas fehlt.
Betrachtet man den Staat, eine Gesellschaft, eine Gemeinschaft organisch - vergleichbar dem menschlichen Körper mit seinen Gliedern - dann kommt man zur positiven Beurteilung der Gewinnerzielung.
Etwas unüblich gebrauche ich heute einmal Nutzen und Gewinn synonym.

Wenn zwei Menschen freundschaftlich miteinander verbunden sind, ist das für beide ein Gewinn, dessen permanente Erzielung der ausdauernden und gewissenhaften Pflege (Kultur) bedarf. Es geht darum, daß beide Seiten einen echten Gewinn haben, dann ist Gewinn ein moralischer Begriff. Wir sollten den Gewinn nicht scheuen. Er ist legitim.

Wenn nun in einer Umbruchsituation der Inhalt von Werten deutlich werden muß, und ein Unternehmen in dem skizzierten Sinne Teil der Gesellschaft ist, dann muß es auch an der Realisierung von Werten mitwirken. Nutzen, Gewinn für die Gesellschaft muß dabei erzielt

werden. Dies heißt nicht, daß die Existenzgrundlagen eines unter den Regeln der Marktwirtschaft arbeitenden Unternehmens dadurch vernachlässigt oder gar gefährdet werden sollen.
Der Nutzen, der Gewinn muß auf beiden Seiten liegen.

Eine Bank als solche hat nicht das Ziel möglichst vielen Menschen zu einem besseren Leben zu verhelfen. Sie erfüllt aber ihre Aufgabe in einer Gesellschaft, wenn sie diese Ziele durch ihre Handlungsweisen befördert und nicht behindert.

So gesehen ist auch von einem Wirtschaftsunternehmen her zu begrüßen, daß sich die Bürger in den fünf neuen Bundesländern als Konsumenten und Sparer so besonnen verhalten.
Es ist richtig, wenn Zukunftsvorsorge betrieben wird und die Menschen nicht in einen kreditfinanzierten Kaufrausch verfallen.

Der unerfahrene Kunde ist bei einer Kreditaufnahme zu warnen, wenn er seine Möglichkeiten überschreitet. Bei der Ausgabe einer Kreditkarte soll darauf hingewiesen werden, wie folgenreich der leichtfertige Umgang mit diesem Instrument sein kann.
Der mit den Gepflogenheiten und Risiken eines Marktes nicht vertraute Kunde muß darüber aufgeklärt werden, unter welchen Voraussetzungen er Grundbesitz erwerben oder verkaufen soll; auch wenn der Bank dadurch ein Kreditgeschäft verlorengeht. Schon aus Eigeninteresse kann es sich eine Bank nicht leisten durch eigenes Fehlverhalten übermorgen eine Fülle notleidender Kredite zu haben. Wird das vermieden, ist beiden Seiten gedient.

Verhalten wir uns als Bank so unseren Kunden gegenüber, dann sind wir glaubwürdig als Vertreter einer Marktwirtschaft, die durch das Beiwort „sozial" dokumentiert, daß sie wesentliche Werte unserer Gesellschaftsordnung tragen und verwirklichen will.

2. *Unternehmenskultur*

Die Kultur eines Unternehmens wird von der Kultur einer Gesellschaft bestimmt.
Ein Unternehmen kann die Kultur einer Gesellschaft beeinflussen. In Zeiten gesellschaftlicher Instabilität ist es nachgerade dazu aufgerufen, wenn es über die entsprechenden Möglichkeiten verfügt.

Wie wird aber seine Unternehmenskultur durch den Wandel der Gesellschaft verändert?

Ich sagte zu Beginn, daß die Dresdner Bank 3.500 neue Mitarbeiter aufgenommen hat. Sie kommen aus einer anderen politischen Kultur. Unter schwierigen materiellen Verhältnissen lebend haben sie andere Erwartungshorizonte als ihre Kollegen. Sie haben ein anderes Hierarchieverständnis. Beinahe 90 % sind Frauen.
Dies wird ohne Zweifel einen internen Kommunikationsprozeß auslösen. Die selben Prozesse, wie sie bei der gesellschaftlichen Wandlung dargestellt wurden, werden wirksam werden. Die Grundhaltungen werden heterogener und vielfältiger sein. Eine Unternehmenskultur, die man in ihren Postulaten schriftlich formulieren kann, ist in Wirklichkeit etwas Lebendiges, Erlebbares; gewachsen aus Erfahrungen, Erfolgen, aus gemeinschaftlich angenommenen und praktizierten Werthaltungen.

Wenn die Werte des Unternehmens glaubwürdig ver-

treten werden, dann wird die Integration gelingen und die Unternehmenskultur wird bereichert werden. Sie wird sicherlich differenzierter werden.
Auch Management wird durch das kulturelle, gesellschaftliche Umfeld beeinflußt. Es ist unmöglich, die Entwicklung von Menschen zu steuern ohne ein Verständnis für ihre Grundsatzmeinungen und Werthaltungen. Der Manager beeinflußt andere Menchen, indem er Symbole setzt. Dies setzt wiederum voraus, daß die Symbole für die Menschen, die er beeinflussen möchte, Bedeutung haben und verständlich sind.

Verändert sich die Beurteilung von Werten in einer Gesellschaft, so hat dies mittelbare Folgen auf die Entscheidungen und das Selbstverständnis eines Unternehmens.

Es war mein Bestreben, dies aufzuzeigen.

Wenn dem aber so ist, dann ist es eine weitere Begründung für die Feststellung, daß ein Unternehmen als Teil der Gesellschaft, Verantwortung bei der Verwirklichung und Gestaltung von Wertinhalten übernehmen kann und muß.

IV. Resumee

Im östlichen Teil Deutschlands hat vielleicht im strengsten Sinne des Wortes kein Werte-Wandel stattgefunden, sondern ein System das Werte verkörpert, die gegen die Würde und die Freiheit des Menschen verstoßen, wurde durch ein System abgelöst, das Voraussetzungen geschaffen hat, die geeignet sind, eben diese Werte wieder dominant werden zu lassen.

Die faktischen Voraussetzungen werden heute vollzogen.

Die Erwartungen und Hoffnungen von 16 Millionen Menschen zwingen den Rest der Bundesrepublik, neben der Pflicht zu handeln, in einen Prozeß der Reflexion über die Substanz der vertretenen Werte.

Die Bedeutung dieses Denkprozesses wollte ich mit meinen Anmerkungen verdeutlichen. Die materielle Integration, auch wenn sie schwierig sein wird, ist machbar und realisierbar, aber damit kann das bewegende Ereignis, das wir heute erleben, nicht sein Bewenden haben.

Nur wenn unsere Moral überzeugt, nur wenn unser Handeln den Grundsätzen, die wir vor uns her tragen entspricht, wird diese friedliche Revolution ein glückliches Ende finden.